知的生きかた文庫

すごい「英単語手帳」

安河内哲也

三笠書房

はじめに

「英単語」1つで、人生が変わる!
安河内式手帳だから「読みやすい＋覚えやすい」!

『すごい「英単語手帳」』——。
この本には、大胆なタイトルがついています。
ただ、それにはちゃんと理由があるのです。

　まず一つは、この本では「英語力は単語力で決まる」という考えに基づき、「毎日の仕事に必要不可欠な英単語」のみを選りすぐって紹介しました。
　簡単すぎず、難しすぎず——仕事で「知らないと恥をかく」「よく使う」「非常に役立つ」単語ばかりをセレクトしています。即効性の高い単語手帳なのです。
　また、読者の人がなるべく苦労しないように、あちこちで「英単語が脳に染み込む＋刻み込まれる」工夫をしています。
　単語の順番はもちろんのこと、英文、訳文、テスト、関連語、イラストまで、単語を覚えやすいように組み合わせています。「シナジー（相

乗）効果」を利用したわけです。

　たった1つの英単語が、人生と世界に対する見方を変えてしまうことがあります。
　若いとき、アメリカに旅行したときの私が、そうでした。
　当時、アメリカに憧れていた私は、やることも言うこともすべてが「アメリカかぶれ」。そんな私を見て、同年配のアラブ人の青年がこう言ったのです。
"Where is your identity?"（おまえの存在証明はどこにある？）
　このidentity という一つの英単語が、「アメリカかぶれ」の私の心に強烈に突き刺さったのです。

　identityという単語が「存在証明」といった意味であることは当然知っていました。ただ、この体験によって、私は日本ではまったく感じることのできなかった「identityの表す世界」を、心で感じられるようになったわけです。その日から、identityという単語は、私の人生で忘れることのない特別な意味を持つようになりました。

「どんな人に出会ったか」で人生は変わると言われますが、「どんな言葉に出会ったか」も私たちの人生観を大きく左右するのです。

　皆さんと単語とのそのような素敵な出会いをプロデュースするのが、この「英単語手帳」なのです。この本で、私とidentityのように、人生を変える素敵な出会いをたくさん見つけてください。

　また、この本を「通勤電車で手軽に読みたい」という人も多いはずです。

　ですから、満員電車の中でも読みやすいように、小さな文庫本にしてみました。さらには「見ただけで覚えられるよう」に、メリハリのある手帳のようなデザインにして、電車の中でも英単語が自然と頭に入るようにしています。

　まずは、この『すごい「英単語手帳」』を１日１度必ず開いてみる──そこからあなたと英単語の素敵な出会い、そして新たな人生が始まります。

安河内哲也

も く じ

はじめに 「英単語」1つで、人生が変わる! ……… 3
「すごい手帳」の「すごい使い方」 ……… 8
これが「できる人の英語常識」! ……… 11

1章 英語・英会話は「単語力」で決まる!

すごい「英単語」勉強法①
まず「仕事で使う英単語を覚える」が基本 ……… 16

2章 これが「310万人の人生を変えた英単語」だ

すごい「英単語」勉強法②
「音楽を聴く」ように「英単語を楽しむ」! ……… 42

3章 「1つ覚えて4つ覚える」芋づる式——だから、かんたん!

すごい「英単語」勉強法③
ネットワーク化——「1語1語覚える」と失敗する ……… 68

4章 社会人として「知っておくべき英単語」がある!

すごい「英単語」勉強法④
「pre」「sub」——「接頭辞の意味」を知ると、すごくラク! ……… 96

5章 「年収に直結する英単語がある」って本当?

すごい「英単語」勉強法⑤
「1分間英単語」のすすめ ……… 122

6章 「英語って意外におもしろい!」を実感する一語

すごい「英単語」勉強法⑥
「メイク・アップ」でなく「メイカップ」 ……… 148

7章 この20ページで、あなたの頭もラクラク「英語頭」

すごい「英単語」勉強法⑦
すごい「英単語」──「日本人の英語」力 ……… 174

8章 「仕事ができる人の英単語」一挙公開します!

すごい「英単語」勉強法⑧
「モーニングサービス」は「午前の礼拝」の意味⁉ ……… 200

9章 「人生の豊かさ」と「英単語の量」は比例する?

すごい「英単語」勉強法⑨
さて、「寿司」を英語に訳すと、じつはどうなる? ……… 226

10章 「すごい英単語手帳」は、確実にあなたを変える!

すごい「英単語」勉強法⑩
heavy、hard……「英語の四字熟語」をかんたん活用! ……… 252

頭に効く!すごい「テスト」①〜⑩ ……… 38,64,92,118,144,170,196,222,248,274
「アメリカ人の発音のツボ」基本10 ……… 276
あとがき ……… 279　　さくいん ……… 280

「すごい手帳」の「すごい使い方」

①仕事ですぐ使える言い回しを集めた「例文」!

トヨタ自動車、松下電器産業などでビジネスマンに英語を指導する安河内氏が、仕事で「よく使う」「非常に役立つ」言い回しを厳選。

recycled paper

▶ We only use recycled paper in the office.
▶ 我々のオフィスでは recycled paper しか使わない。

merger

mə́:dʒə
マージャー

▶ The two corporations are planning a merger.
▶ その2つの企業は merger を計画している。

②絶妙な「訳文」だから、意味が脳にしみ込む

仕事で使うことを徹底的に追求した「訳文」。ポイントをおさえたわかりやすい表現が、頭にすっと入ってきます。

③「ネットワーク式」だから、関連語をまとめて覚える!

同義語、反意語、派生語など、単語に関連する言葉を集めました。単語と一緒に芋づる式で覚えるシナジー(相乗)効果を実感してください!

④シンプルなこの「こたえ」が、意外なほど頭に効く!

左の例文の中で単語がどういう意味で使われるか? その「こたえ」を知ることで、「生きた表現」が身につきます。

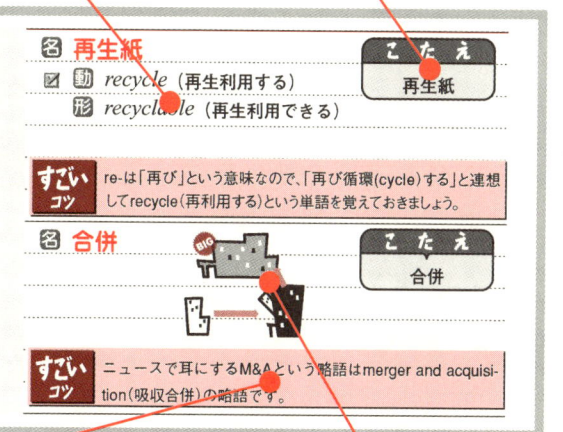

名 再生紙
動 recycle (再生利用する)
形 recyclable (再生利用できる)

こたえ 再生紙

すごいコツ: re-は「再び」という意味なので、「再び循環(cycle)する」と連想してrecycle(再生利用する)という単語を覚えておきましょう。

名 合併

こたえ 合併

すごいコツ: ニュースで耳にするM&Aという略語はmerger and acquisition(吸収合併)の略語です。

---

⑤カリスマ英語講師が、初めて公開する「覚え方のコツ」

20年以上の英語指導経験をもとに編み出した、著者の「すごいコツ」を初公開。英語が苦手な人でも、すぐに覚えられます!

⑥「記憶のフック」になる強烈な「イメージイラスト」!

「忘れない記憶」をつくるコツは、イメージと結びつけて覚えること。本書では、脳に強烈なインパクトを与える「イメージイラスト」を使っています。

●すごい「テスト」は、なぜ頭に効くのか？

シナジー（相乗）効果は、関連語だけに限りません。

この本の各章の終わりに用意した「すごいテスト」は、それこそ「すごい効果」があります。というのも、このテストはイメージイラストのインパクトを利用して、単語を脳にすり込むシナジー効果そのものだからです。

「絵を見て、単語を選ぶ」——。こんな簡単なテストで、脳に「単語＋イメージ」が焼き付きます！

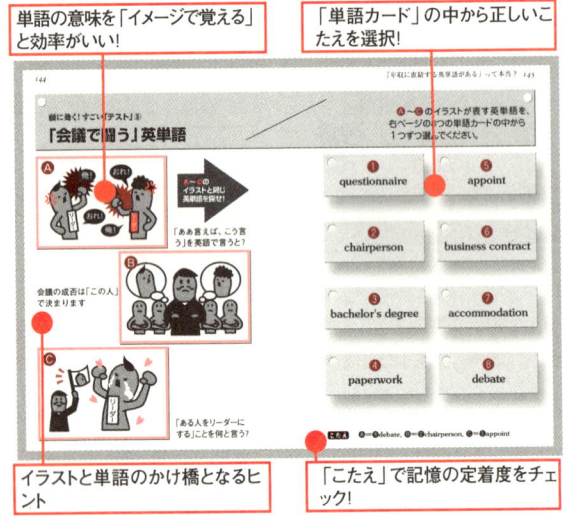

これが「できる人の英語常識」!

●「仕事ができる人の英単語」とは?

　本書には、ビジネス文書や職場での会話をもとに、仕事で「最も使える英単語」を収録しました。これをものにすれば、皆さんの仕事の幅が大きく広がることは間違いありません。

　仕事では、deficit（赤字）、colleague（同僚）のような単語に加え、labor union（労働組合）、business card（名刺）のような連語が非常に多く使われます。

　連語とは、二つ以上の単語があわさり、一つの単語のように使われる言葉のことです。businessは仕事、cardはカードですが、これが business + card になると「名刺」という意味になるのです。また、連語は名詞句ばかりでなく、call in sick（病欠する）のような動詞句も少なくありません。

　連語を使いこなすほど仕事ができる——本書では、そうした観点から、仕事でよく使う連語も数多く収録しました。

　単語にしても、連語にしても、まずは欲張らない

こと。例文と一緒にまるごと覚えれば、仕事ですぐに使える表現が身につくはずです。

●「英語のクセ」をつかもう！

英単語には、一つおもしろいクセがあります。

単語の「頭」と「お尻」の文字に、意味が隠されていることがあるのです。

en-,sub-のように、単語の「頭」にある文字を、難しい言葉で「接頭辞」と言います。同様に、-tion, -mentのように、「お尻」にくっついている文字を「接尾辞」と言います。そして、それぞれ「接頭辞」「接尾辞」には、右のページのような意味があるのです。

これを仕事に利用しない手はありません。

たとえば、-tionという接尾辞が「名詞」を作る接尾辞だと知っていれば、reserve（予約する）＋tionで reservation（予約）という名詞を覚えることができます。また、知らない単語でも、接頭辞、接尾辞から意味を類推することもできるわけです。

この本では、見出し語を大きく、接頭辞、接尾辞などの関連事項を小さくしています。

このレイアウトであれば、「木の幹」から「枝」が

伸びていくように、英単語をスクスク＋グングンと覚えることができるからです。

できる人は「単語の頭とお尻」に注目！

接頭辞	意 味	単語の例
co-	共に	colleague（同僚）
com-	共に	competition（競争）
de-	分離	depart（出発する）
ex-	外へ	expenses（経費）
in-	中へ	include（含む）
pre-	前の	prepare（準備する）
re-	再び	recycle（再生利用する）
un-	否定	unemployment（失業）

接尾辞	意 味	単語の例
-ee	～される人	trainee（実習生）
-er	～する人	commuter（通勤者）
-ful	～に満ちた	careful（注意深い）
-able	～できる	admirable（賞賛すべき）
-ism	主義	tourism（観光事業）
-logy	学	psychology（心理学）
-ment	～すること	requirement（必要条件）
-tion	～すること	reservation（予約）

ONE WAY

1章
英語・英会話は「単語力」で決まる！

すごい「英単語」勉強法 ❶
まず「仕事で使う英単語を覚える」が基本

　どんな勉強でも、はっきりとした「目的」を持つことが成功の秘訣です。

　その「目的」を達成するために優先順位を付け、優先順位が上位の物から勉強するのです。

　さて、この本を手に取った皆さんの目的は、「仕事に役にたつ英単語をマスターしたい」ということでしょう。

　それならば、いろいろな単語をまんべんなく勉強するよりも、「仕事で使う英語」を勉強すればよいのです。

　パイロットと管制塔の会話を聞いていると、英会話の専門家でもよくわかりません。でも、パイロットの中には英会話はあまりうまくない人もいます。にもかかわらず、管制塔とのやりとりはちゃんとできているのです。

　これはその**会話の中で、頻度の高い「もっとも重要な単語」**をしっかりと覚えて練習しているか

らです。「目的」をもって英単語を学ぶことが重要な一例と言っていいでしょう。

「仕事」で英語を使おうと思っているビジネスマンの皆さんが、一生懸命 mackerel（鯖）や sardine（いわし）などの魚の名前を暗記してもあまり使うことはありません。

一方で、investment（投資）や fiscal year（会計年度）のような単語は「仕事」では毎日のように使う単語です。

本書の単語は、毎日仕事をするうえで、しょっちゅう耳にするものばかりを集めてあります。

皆さんは、まず、これらの**「毎日の仕事で使える単語」に一番の優先順位を置いて勉強してください**。「魚の名前」はもっと後で十分です。

ちなみに、多くの皆さんがチャレンジする TOEICテストは「仕事の英語」を試すものなので、本書の英単語は TOEICテストで点数を取るためにも最優先の英単語です。

reserve

[rɪzə́ːv / リザーヴ]

- ▶ I'd like to reserve a single room for tomorrow evening, please.
- ▶ 明日の晩, シングルを1部屋 reserve したいのですが。

complaint

[kəmpléɪnt / コンプレインツ]

- ▶ What was the customer's complaint?
- ▶ その顧客の complaint は何でしたか。

management

[mǽnɪdʒmənt / マニジマント]

- ▶ That company is famous for its management strategies.
- ▶ あの会社は management 戦略で有名だ。

require

[rɪkwáɪə / リクワイア]

- ▶ That document requires your signature.
- ▶ あの書類にはあなたの署名が require されます。

動 予約する

- ☑ 名 *reservation*（予約）
- ☑ *reserved seat*（予約席）

こたえ 予約

すごいコツ 高級レストランでは予約が必要なことが多いので、海外旅行では必須の単語ですね。「予約」という名詞はreservationです。

名 苦情

- ☑ 動 *compain*
  （苦情を言う）

こたえ 苦情

すごいコツ 動詞形はcomplain（苦情を言う）です。「苦情を申し立てる」はmake a complaint、lodge a complaintと表現します。

名 管理・経営者

- ☑ 動 *manage*（管理する，経営する）
-   名 *manager*（経営者）

こたえ 経営

すごいコツ -mentは「メント」ではなく「マント」のように発音します。綴りにつられないように注意しましょう。

動 必要とする

- ☑ 名 *requirement*（必要条件）

こたえ 必要

すごいコツ 同じ意味のneedよりも少々堅い単語です。名詞形は-mentという接尾語をつけて作ります。

electricity

[ɪlèktrísəti]
[イレクトリサティ]

- ▶The storm caused the electricity to go out.
- ▶嵐のために electricity が止まった。

flexible

[fléksəbl]
[フレクシブル]

- ▶I have a flexible schedule today and can help you.
- ▶今日私の予定は flexible ので，あなたの手伝いができます。

available

[əvéɪləbl]
[アヴェイラブル]

- ▶Is Ms. Miller available right now?
- ▶今ミラー氏は available ますか。

department

[dɪpáːtmənt]
[デパートマント]

- ▶The sales department will have a meeting today.
- ▶営業 department は今日会議を開きます。

英語・英会話は「単語力」で決まる！ 21

名 電気

☑ 形 *electric(al)* （電気の）

こたえ 電気

> **すごいコツ** エレキギターの「エレキ」は電気を意味しています。electro-やelectr-で始まる単語は電気関連です。

形 融通のきく

☑ 形 *inflexible* （硬直した）

こたえ 融通がきく

> **すごいコツ** flex（曲げる）という意味の動詞に、「……できる」という意味の-ibleという接尾辞がくっついた単語です。

形 利用できる

☑ 名 *availability* （有用性）

☑ *be available to[for]*~ （~に利用できる）

こたえ 面会でき

> **すごいコツ** 「手に入る」という意味もあります。こちらも重要なので覚えておきましょう。

名 部門

☑ *department store* （デパート）

こたえ 部

> **すごいコツ** アメリカでは、Saks Fifth AvenueやMacy'sなどが有名なdepartment storeです。

accountant
[əkáuntənt]
アカウンタント

- ▶The accountant will file our taxes for us.
- ▶accountant が我々の代わりに税金を申告してくれるだろう。

expenses
[ikspénsiːz]
イクペンシーズ

- ▶The accountant added up the monthly expenses.
- ▶会計士は毎月の expenses を合計した。

industry
[índəstri]
インダストリー

- ▶She works in the pharmaceuticals industry.
- ▶彼女は医薬品 industry で働いている。

latest
[léitist]
レイテスト

- ▶She always keeps up with the latest fashion.
- ▶彼女は常に latest の流行を追っている。

英語・英会話は「単語力」で決まる！ 23

名 会計士

- 名 *account*（会計）
- *certified public accountant*（公認会計士）

こたえ：会計士

すごいコツ あこがれの職業、a certified public account は略して CPA といいます。

名 経費

- *extra expenses*（臨時経費）

こたえ：経費

すごいコツ 「経費」という意味では複数形で用いられることに注意しましょう。ex-は「外」を表します。

名 産業

- 形 *industrial*（産業の）

こたえ：産業

すごいコツ アクセントが前にあることに注意しましょう。「勤勉」という意味もあります。「勤勉な」という意味の形容詞はindustriousです。

形 最新の

- *latest fashions*（最新の流行）

現在に近い
過去 — latest — 現在

こたえ：最新の

すごいコツ lateは「遅い」つまり「現在に近い」ということなので、latestは「一番現在に近い」つまり「最新の」という意味になるわけです。

proposal
【 prəpóuzl / プロ**ボ**ウザル 】

- ▶ IThe client accepted our proposal.
- ▶ 顧客は我々の proposal を受け入れた。

guarantee
【 gæərəntíː / ギャラン**ティ**ー 】

- ▶ This appliance has a three-year guarantee.
- ▶ この器具には3年の guarantee がついている。

procedure
【 prəsíːdʒə / プラ**シ**ージャー 】

- ▶ What is the procedure for applying for a home loan at this bank?
- ▶ この銀行の住宅ローン申し込みの procedure は何ですか。

recruitment
【 rɪkrúːtmənt / レク**ル**ートマント 】

- ▶ The company decided to have a recruitment drive.
- ▶ その会社は recruitment を推進をすることに決めた。

英語・英会話は「単語力」で決まる！ 25

名 提案

☑ 動 *propose*
（提案する）

こたえ 提案

すごいコツ 名詞形の語尾がalで終わるものには他にrefuse（拒絶する）→refusal（拒絶）があります。「結婚の申込み」という意味もあります。

動 保証する

☑ *under guarantee (of ~)*
（(~の) 保証つきで）

こたえ 保証

すごいコツ アクセントの位置に要注意です。eeという綴りにはアクセントが置かれることが多いですよ。

名 手続き

☑ *customs procedures*（通関手続き）

こたえ 手続き

すごいコツ follow proceduresと言うと「手続きに従う」つまり「手順を踏む」という意味になります。

名 採用

☑ 名 *recruit*（新入社員）

こたえ 採用

すごいコツ 「リクルート」という会社は求人活動を支援する会社ですね。これと連想しておぼえておきましょう。

consumer
[kəns[j]úːmə]
コンスーマー

▶ Many consumers are picky about what they purchase these days.
▶ 最近は多くの consumers が購入するものをえり好みする。

value
[vǽljuː]
ヴァリュー

▶ Do you know the value of your current assets?
▶ 自分の現在の資産の value を知っていますか。

publisher
[pʌ́blɪʃə]
パブリッシャー

▶ The publisher decided to renew the writer's contract.
▶ publisher はその作家の契約を更新することに決めた。

prepare
[prɪpéə]
プリペア

▶ I'll prepare the document and bring it to your office by 4:00.
▶ 書類の prepare をして4時までにそちらの事務所へ持って行きます。

名 消費者

- *the consumer price*（消費者価格）

こたえ：消費者

> **すごいコツ** consumer goodsは「消費財」という意味です。goodsには「製品」という意味があります。

名 価値

- 形 *valuable*（貴重な）

こたえ：価値

> **すごいコツ** NECのパソコンの名前はVALUESTARですから、「価値の星」のような意味をもった造語なのです。

名 出版社

- 動 *publish*（出版する）
- *newspaper publisher*（新聞社）

こたえ：出版社

> **すごいコツ** -erという接尾辞は「……するもの」という意味です。publishするものだから「出版社」になるのですね。

動 準備する

- *prepare for ～*（～の準備をする）

こたえ：準備

> **すごいコツ** pre-という接頭辞は「あらかじめ」「……以前の」という意味を持っています。

supply
{ səpláɪ / サプライ }

- The demand for oil exceeds the supply.
- 石油の需要は supply を上回っている。

distribution
{ dìstrəbjúːʃən / ディストリビューシャン }

- Do we have a distribution outlet for the book?
- 我々はその本の distribution 販路を持っていますか。

apology
{ əpálədʒi / アパラジー }

- Please accept our apology regarding the mistake with your order.
- そちらのご注文についての間違いに関する当社の apology を受け入れていただくようお願いします。

deadline
{ dédlàɪn / デッドライン }

- When is the deadline for the project?
- その企画の deadline はいつですか。

名 供給

- ☑ *supply ~ with …*（…に~を供給する）

こたえ 供給

> **すごいコツ** 現代社会で習ったSD曲線のSはこのsupplyを表しています。ちなみにDはdemandです。

名 流通

- ☑ 名 *distributor*
  （販売店，卸売り業者）

こたえ 流通

> **すごいコツ** distribute（分配する）という意味の動詞に、名詞を作る接尾辞の-tionがついてできた名詞形です。

名 謝罪

- ☑ 動 *apologize*（謝罪する）
- ☑ *apologize to ~ for …*（…のことで~に謝罪する）

こたえ 謝罪

> **すごいコツ** 「謝罪を受け入れる」と言いたい場合には、accept ~'s apologyと表現します。

名 締め切り

- ☑ *meet the deadline*
  （締め切りに間に合わせる）

こたえ 締め切り

> **すごいコツ** その線を越えると「死」が待っている怖い怖いラインです。

inspection

【ɪnspékʃən / インスペクシャン】

- ▶ Did the plant pass inspection?
- ▶ その工場は inspection に合格しましたか。

pharmaceutical company

- ▶ The pharmaceutical company's stock rose when it announced its new breakthrough medicine.
- ▶ 新しい画期的な薬を発表したとき，その pharmaceutical company's の株は上がった。

security office

- ▶ William is the head of the security office.
- ▶ ウィリアムは security office 長だ。

business card

- ▶ Can I have your business card?
- ▶ business card をいただけますか。

名 検査

- ☑ 動 *inspect*（検査する）

こたえ: 検査

> **すごいコツ**: inspectorというと「検査官」という意味です。-orに「……する人」という意味があります。

名 製薬会社

- ☑ 名 *pharmaceutics*（薬学）

こたえ: 製薬会社

> **すごいコツ**: pharmaceuticalは「薬剤の」という意味の形容詞です。薬局のことはpharmacyと言います。

名 警備室

こたえ: 警備室

> **すごいコツ**: security（安全）という名詞と、office（事務室）という名詞の複合語です。

名 名刺

- ☑ *card case*（名刺入れ）

こたえ: 名刺

> **すごいコツ**: business cardは業務用の名刺です。個人用の名刺はcalling[visiting] cardと言います。

parking lot

- ▶ Please park your car in the parking lot around the corner.
- ▶ 角のところにある parking lot に車をとめてください。

trial and error

- ▶ They learned to run the office through trial and error.
- ▶ 彼らは trial and error を経て事務所の運営をおぼえた。

job market

- ▶ What is the current state of the job market?
- ▶ job market の現状はどうですか。

lunch break

- ▶ I'll take my lunch break at 1:00 today.
- ▶ 今日は1時に lunch break を取ります。

英語・英会話は「単語力」で決まる！

名 駐車場

☑ 動 *park*（駐車する）

こたえ　駐車場

> **すごいコツ** parkは「車などを駐める」という意味の動詞です。また、lotは「土地」という意味の名詞です。

名 試行錯誤

☑ 動 *try*（試みる）
　動 *err*（誤る）

こたえ　試行錯誤

> **すごいコツ** trialはtry（挑戦する）という動詞の名詞形です。また、errorはerr（間違う）という動詞の名詞形です。

名 求人市場

☑ *job opening:*（就職口）
　want ad:（求人広告）

こたえ　求人市場

> **すごいコツ** marketは「市場」という意味で、market research（市場調査）、market economy（市場経済）などの表現で使われますね。

名 昼休み

☑ *take a break*（休憩を取る）

こたえ　昼休み

> **すごいコツ** breakは動詞だと「壊す」、名詞だと「小休止」という意味になります。「コーヒーブレイク」というカタカナ語にもなっていますね。

interest rates

- ▶ The bank lowered interest rates.
- ▶ 銀行は interest rates を下げた。

mobile phone

- ▶ I got a call from the boss on my mobile phone.
- ▶ mobile phone に上司から電話があった。

emergency procedure

- ▶ The surgeon performed an emergency procedure to save the patient.
- ▶ 外科医は患者を救うために emergency procedure を実行した。

unemployment rate

- ▶ The unemployment rate reached an all-time high this year.
- ▶ 今年は unemployment rate が史上最高に達した。

名 金利

☑ *at high interest*（高利で）

こたえ: 金利

> **すごいコツ**: interestという単語には「興味」という意味に加えて「利子」「利益」という意味があります。rateは「率」という意味です。

名 携帯電話

☑ *cellular phone*
（携帯電話）

こたえ: 携帯電話

> **すごいコツ**: mobileは「移動性の」という意味です。cellular phoneは略してcell phoneと言うこともあります。

名 応急処置

☑ *emergency exit*（非常口）

こたえ: 応急処置

> **すごいコツ**: emergencyは「緊急事態」、procedureは「手続き」という意味です。

名 失業率

☑ *unemployment benefit[compensation]*
（失業手当）

こたえ: 失業率

> **すごいコツ**: un-は「否定」を表す接頭辞ですね。rateは「率」という意味の名詞です。

software application

- ▶ This new software application will save us a lot of time preparing for presentations.
- ▶ この新しい software application を使えば，我々はプレゼンテーションの準備をする時間を大幅に節約できるだろう。

net profit

- ▶ What was our net profit this quarter?
- ▶ この四半期の当社の net profit はいくらでしたか。

professional requirement

- ▶ What are the professional requirements for this position?
- ▶ この職の professional requirements は何ですか。

construction site

- ▶ The crew inspected the construction site.
- ▶ 作業隊はその construction site を視察した。

名 パソコンソフト

☑ *user-friendly software application*
（使いやすいパソコンソフト）

こたえ パソコンソフト

> **すごいコツ** カタカナ語の「ソフト」はsoftwareのことです。カタカナ語の「ハード」はhardwareのことです。

名 純利益

☑ *gross profit*（純利益）

こたえ 純利益

> **すごいコツ** netは「正味の」という意味の形容詞です。また、profitは「利益」という意味の名詞です。

名 職業上の必要条件

☑ 動 *require*（必要とする）

こたえ 職業上の必要条件

> **すごいコツ** professionは「専門職」という意味の名詞で、professionalは「職業上の」という意味の形容詞です。

名 工事現場

こたえ 工事現場

> **すごいコツ** このsiteは「現場」という意味ですが、siteはインターネット上のサイトを表し使うこともできます。

頭に効く！すごい「テスト」①
「経費削減で使う」英単語

Ⓐ

Ⓐ〜Ⓒの
イラストと同じ
英単語を探せ！

「会社のお金」を
何と言う？

Ⓑ

「会社で一番偉い人」
は？

Ⓒ

ぺこり
ぺこり

失敗をしたとき、
まずどうする？

英語・英会話は「単語力」で決まる！ 39

Ⓐ～Ⓒのイラストが表す英単語を、
右ページの8つの単語カードの中から
1つずつ選んでください。

❶ prepare

❷ job market

❸ expenses

❹ net profit

❺ management

❻ department

❼ recruitment

❽ apology

こたえ　Ⓐ＝❸expenses, Ⓑ＝❺management, Ⓒ＝❽apology

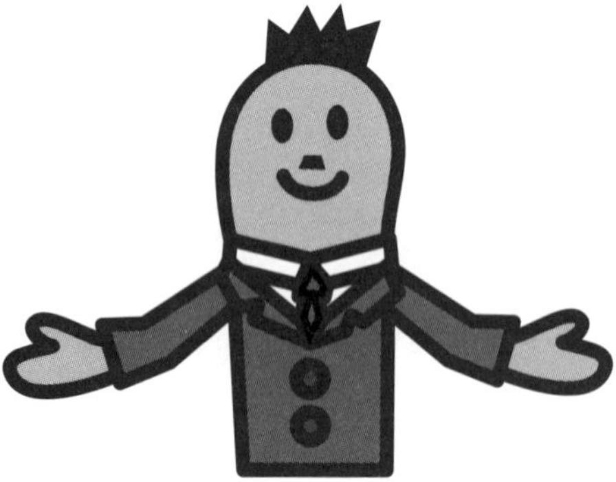

ONE WAY

2章
これが「310万人の人生を変えた英単語」だ

すごい「英単語」勉強法❷

「音楽を聴く」ように「英単語を楽しむ」!

「英語は机で勉強するな！」

私は受講生に、いつもそう言っています。

これには明快な理由があります。

英語の勉強は、ほかの教科の勉強とは違うからです。「数学」や「日本史」は、頭脳の中だけで完結した「理屈の勉強」ですが、こと英語に関しては「理屈」だけ知っていても、まったく使えないことが少なくありません。

英語は、ピアノの演奏や車の運転と同じ「技術」なのです。

その意味では、本書のような英語の勉強本は、「楽譜集」や「運転教本」によく似ています。楽譜集や運転教本を図書館で眺めていても、決してピアノが上手になったり、運転がうまくなったりすることはありませんよね。

たしかに、それらは「絶対必要な知識」ではあるのですが、素早く使えるようになってはじめて

これが「310万人の人生を変えた英単語」だ 43

価値を持つものなのです。

　ピアノであれば、何度も鍵盤をたたいて、手に正しい動きを刷り込みます。

　車の運転でも、何度も練習して手足が自動的に動くようにしてしまいます。

　英語の勉強もこれと同じです。

　眺めるだけではなく、必ず声に出して文例や単語を読む習慣を付けましょう。

　また、例文の内容をイメージしてみたり、動作をつけて動きながら読んでみましょう。

　「英語は机で勉強するな！」とは、そのような意味で言っているのです。

　最初はゆっくりと読んでもかまいません。

　でも、回を重ねるごとに読むスピードを上げていきましょう。

　そして最後には、例文が本を見なくてもすらすらと口から出てくる域を目指すのです。

　ちょうどピアニストが、楽譜を見ないで演奏できるようになるまでの手順と同じです。

　そうすれば、皆さんの職場に**急に外国人が現れても、素早く対応できる、条件反射力としての英単語**がしっかりと身につくのです。

architecture
[á:kətèktʃə / アーキテクチャー]

- The city is know for its fine architecture.
- その市は優れた architecture で知られている。

estimate
[éstəmət / エスティメイト]

- Please submit the estimate for the goods to the manager.
- その商品の estimate を部長に提出してください。

analysis
[ənǽləsɪs / アナリシス]

- What is the result of the recent analysis of the product?
- その製品の最近の analysis 結果はどうですか。

revolution
[rèvəl[j]ú:ʃən / レバルーシャン]

- The transformation of the large corporation was a revolution.
- その大企業の転換は revolution だった。

名 建築

- 名 *architect*（建築家）
- *wooden architecture*（木造建築）

こたえ：建築

> **すごいコツ** アクセントが前にあることに注意しましょう。間違うとなかなか通じません。

名 見積もり

- 動 *estimate*（見積もる）

こたえ：見積もり

> **すごいコツ** 機内表示で見かけるETAという略語は、estimated time of arrival、つまり「予想到着時間」という意味です。

名 分析

- 動 *analyze*（分析する）
- 名 *analyzer*（分析器）

こたえ：分析

> **すごいコツ** 「宇宙戦艦ヤマト」にアナライザーというロボットが出てきましたね。分析を仕事とするロボットです。

名 大変革

- 形 *revolutionary*（大変革の）
- *the Industrial Revolution*（産業革命）

こたえ：大変革

> **すごいコツ** revolveという動詞は「回転する」という意味ですが、revolutionは社会が回転するような大変革のことなのですね。

booklet
[búklət / ブックラット]

- ▶ Please refer to the booklet for further information.
- ▶ さらに詳しい情報は booklet をご参照ください。

convention
[kənvénʃən / コンヴェンシャン]

- ▶ The insurance group will hold their annual convention in Las Vegas.
- ▶ その保険グループはラスベガスで年次 convention を開くだろう。

identification
[aɪdèntəfɪkéɪʃən / アイデンティフィケイシャン]

- ▶ Please show your identification before entering the building.
- ▶ 建物に入る前に identification を提示してください。

shipment
[ʃɪpmənt / シップマント]

- ▶ The shipment of the order is two days late.
- ▶ 注文の shipment は 2 日遅れています。

これが「310万人の人生を変えた英単語」だ 47

名 小冊子

- *leaflet, pamphlet*（小冊子）

こたえ 小冊子

すごいコツ -letは「小さい」を表す接尾辞です。leaflet, pamphletなども同様です。

名 集会

- 動 *convene*（集まる，集める）

こたえ 総会

すごいコツ 日本にもたくさん「コンベンションセンター」ができました。幕張メッセが有名です。

名 身分証明

- 動 *identify*（身元を確認する）
- 名 *identity*（自己同一性）

こたえ 身分証明

すごいコツ 略してI.D.と言います。アメリカではお酒を買うときによく提示を求められます。分析を仕事とするロボットです。

名 発送（品）

- *shipment by air*（空輸）

こたえ 発送

すごいコツ 字面はshipですが、航空機やトラックでの「輸送」にも使うことができます。

overseas

{ óuvəsìːz }
オウヴァシーズ

- ▶ Ben got a new position overseas.
- ▶ ベンは overseas に新しい職を得た。

hospitality

{ hàspətǽləti }
ハスパタラティ

- ▶ That hotel is famous for its hospitality.
- ▶ あのホテルは hospitality で有名だ。

satisfaction

{ sætɪsfǽkʃən }
サティスファクシャン

- ▶ Satisfaction is guaranteed with all our products.
- ▶ 当社の全製品に Satisfaction が保証されています。

transfer

{ trænsfə́ː }
トランスファー

- ▶ Ms. Donnely will transfer to another branch.
- ▶ ドネリーさんは別の支店へ transfer します。

副 海外に

☑ *go overseas*（海外に行く）

こたえ: 海外に

> **すごいコツ** 同義語にはabroadがあります。これらの単語は副詞なので、直前にtoやinを置かなくても「海外へ」や「海外で」という意味になります。

名 親切なもてなし

ようこそ

こたえ: 親切なもてなし

> **すごいコツ** 似たような字面のhostility（敵意）と混同しないようにしましょう。逆の意味になってしまいます。

名 満足

☑ 動 *satisfy*（満足させる）
　形 *satisfactory*（十分な）

こたえ: 満足

> **すごいコツ** The Rolling StonesのI can't get no satisfactionという歌詞は誰もが一度は耳にしたことがありますね。

動 移動させる

☑ 名 *transfer*（乗り換え券）

こたえ: 転任

> **すごいコツ** 「転勤させる」「転送する」「送金する」などの意味もあります。乗り物の「乗り換え券」もtransferです。

candidate
{ kǽndədèit / キャンダデイト }

- Neil is the perfect candidate for the position.
- ニールはその職にぴったりの candidate だ。

property
{ prápəti / プラパティー }

- We bought the property as an investment.
- 我々は投資目的でその property を買った。

trend
{ trénd / トレンド }

- Fashion trends are always changing.
- ファッションの trends は常に変化している。

organization
{ ɔ̀əgnəzéɪʃən / オーガナゼイシャン }

- Paul is the newest member of the organization.
- ポールはその organization の一番新しいメンバーだ。

これが「310万人の人生を変えた英単語」だ

名 候補者

☑ *examination candidate*
（受験志願者）

こたえ　候補者

すごいコツ a presidential candidate は「大統領候補」という意味になります。

名 財産

☑ *property tax*（固定資産税）

こたえ　不動産

すごいコツ この単語には「特性」と意味もあります。パソコン用語の「プロパティ」はこちらの意味です。

名 流行

☑ 名 *trendsetter*（流行仕掛け人）

こたえ　流行

すごいコツ 日本語にもなっている「トレンディー」（trendy）はこの形容詞形です。

名 組織

☑ 動 *organize*（組織する）

こたえ　組織

すごいコツ ニュースでよく耳にするNATO（北大西洋条約機構）はNorth Atlantic Treaty Organizationの略です。

competition
[kàmpətíʃən]
コンペティシャン

- Mel won the speech competition the other day.
- メルは先日スピーチcompetitionで優勝した。

payment
[péɪmənt]
ペイマント

- Please remit payment by next week.
- 来週までにpaymentを送金してください。

calculation
[kæ̀lkjəléɪʃən]
キャルキャレイシャン

- By my calculations, this new plan will bring in 20 percent more business.
- 私のcalculationsによれば，この新企画によって取引が20パーセント増加するだろう。

contemporary
[kəntémpərèəri]
カンテンパレリー

- Mr. Lee only purchases paintings by contemporary artists.
- リー氏はcontemporary画家が描いた絵画だけを購入する。

名 競争

- 形 *competitive*（競争の，競合する）
- 形 *compete*（競売する）

こたえ 大会

> **すごいコツ** com-という接頭辞は「共に」という意味を表します。動詞形はcompeteです。

名 支払い

- 動 *pay*（支払う）
- *advance payment*（前金）

こたえ 支払い

> **すごいコツ** mentという接尾辞は名詞をつくります。支払うという意味の動詞、pyが名詞になったものです。

名 計算

- 動 *calculate*（計算する）
- 名 *calculator*（計算機）

こたえ 計算

> **すごいコツ** 「足し算」はaddition、「引き算」はsubtraction、「かけ算」はmultiplication、「割り算」はdivisionと言います。

形 現代の

こたえ 現代

> **すごいコツ** contemporary architecture（現代建築）、contemporary poetry（現代詩）などの表現でよく使われる単語です。

investment
【 ɪnvéstmənt / インヴェストマント 】

- I made a major investment in the company.
- 私はその会社に大きな investment をした。

bookshelf
【 búkʃèlf / ブックシェルフ 】

- I put the book back on the bookshelf.
- 私はその本を bookshelf に戻した。

commute
【 kəmjúːt / カミュート 】

- I commute to the office by train every day.
- 私は毎日電車で commute している。

fund
【 fʌ́nd / ファンド 】

- We need more funds for the project.
- 我々はその事業のためのより多くの funds を必要とする。

名 投資

- ☑ 動 *invest*（投資する）

こたえ 投資

> **すごいコツ** 最近では「なんとかインベストメント」という名前の会社が増えてきましたね。これらは全部投資会社です。

名 本棚

- ☑ 名 *bookshelves*（本棚＜複数形＞）
- ☑ *take a book from the bookshelf*（本棚から本を1冊取る）

こたえ 本棚

> **すごいコツ** shelfだけだと「棚」という意味です。book＋shelfで「本棚」です。わからない単語は分解してみましょう。

動 通勤する

- ☑ 名 *commutation*（通勤）

こたえ 通勤

> **すごいコツ** commuterというと「通勤者」という意味です。-erという接尾辞は「……する人」を表します。

名 基金

- ☑ 名 *fund-raising*（資金調達）

こたえ 基金

> **すごいコツ** 投資信託の流行で「ファンド」というカタカナ語もすっかり日本語に定着しましたね。

facility

【 fəsíləti
ファ**シ**ラティ 】

- ▶ We moved into a much nicer facility.
- ▶ 我々は前よりもずっと優れた facility に引っ越した。

day shift

- ▶ Jenny will work the day shift tomorrow.
- ▶ ジェニーは明日は day shift で働きます。

bank account

- ▶ I'd like to transfer funds to my bank account overseas.
- ▶ 資金を海外の bank account に送金したいのですが。

marketing survey

- ▶ According to the marketing survey, more women buy our products than men.
- ▶ marketing survey によれば，当社の製品を買うのは，男性より女性が多い。

これが「310万人の人生を変えた英単語」だ 57

名 施設

- customs facilities（税関施設）

こたえ 施設

すごいコツ この単語には「容易さ」という意味もあり、「施設」という意味も、もともと「便宜をはかるためのもの」というところからきています。

名 昼間勤務

- night shift（夜間勤務）

こたえ 昼間勤務

すごいコツ shiftは「変わる」という動詞として用いる単語ですが、この表現中では「交代勤務」という名詞として用いられています。

名 銀行口座

- open an account
  （口座を開く）

こたえ 銀行口座

すごいコツ accountには他に「会計」「説明」などの意味があります。インターネットの「アカウント」というカタカナ語でもおなじみですね。

名 市場調査

- marketing research

こたえ 市場調査

すごいコツ marketing は「市場での売買」という意味です。surveyは「調査」という意味の名詞です。

letter of recommendation

- Jim has a letter of recommendation from his former employer.
- ジムは前の雇用主からの letter of recommendation を持っている。

head office

- Report to the head office at once.
- すぐに head office に報告しなさい。

real estate

- The billionaire made all his money in real estate.
- その億万長者は real estate で全財産をかせいだ。

vice president

- The vice president of the company will retire soon.
- その会社の vice president はまもなく引退するだろう。

名 推薦状

☑ 動 *recommend*（推薦する）

こたえ：推薦状

すごいコツ recommendationは、recommend（推薦する）という動詞の名詞形で、「推薦」という意味です。

名 本社

☑ *branch*（支社）

こたえ：本社

すごいコツ branch officeに対して、head（頭）となる、中心的なオフィスのことですね。headquartersともいいます。

名 不動産

☑ *real estate agent*
（不動産業者＜*realtor*＞）

こたえ：不動産

すごいコツ 「不動産の仲介業者」のことをreal estate agentといいます。agentは「仲介人」という意味です。

名 副社長

こたえ：副社長

すごいコツ 単にvice、またveepということもあります。presidentだけだと「社長」という意味です。

innovative approach

- ▶ The company has an innovative approach to business.
- ▶ その会社は商売の innovative approach を持っている。

latest edition

- ▶ Please buy the latest edition of the model.
- ▶ その型の latest edition を買ってください。

mechanical error

- ▶ The machine isn't working due to a mechanical error.
- ▶ その機械は mechanical error のために動いていない。

business hours

- ▶ The store's business hours are Monday through Saturday, from 10:00 a.m. to 10:00 p.m.
- ▶ その店の business hours は，月曜日から土曜日の午前10時から午後10時までです。

名 革新的な手法

- ☑ 名 *innovation*（革新）

こたえ: 革新的な手法

> **すごいコツ**: innovativeはinnovation（革新）の形容詞形です。approachは「手法」という意味で、動詞では「接近する」という意味もあります。

名 最新版

- ☑ *the latest issue*（最新号）

こたえ: 最新版

> **すごいコツ**: latestは「最新の」という意味の形容詞、editionは「版」という意味の名詞です。

名 機械的障害

- ☑ 名 *mechanism*（機構，機械部分）

こたえ: 機械的障害

> **すごいコツ**: mechanicalは「機械的な」という意味、errorは「欠陥、障害」という意味です。errorには「間違い」という意味もあります。

名 営業時間

- ☑ *Business as usual*
  （「平常通り営業」《掲示》）

こたえ: 営業時間

> **すごいコツ**: 文字通り「業務をとりおこなっている時間帯」ということですね。「閉まっている」時にはCLOSEDの掲示がされますね。

legal department

- ▶ Send the details about the dispute to the legal department.
- ▶ その論争についての詳細を legal department へ送りなさい。

advance notice

- ▶ You must give one month's advance notice before quitting your job.
- ▶ 退職する1か月前までに advance notice をしなければならない。

reasonable price

- ▶ I'll buy the car only if it's a reasonable price.
- ▶ reasonable price でありさえすれば私はその車を買います。

sales campaign

- ▶ Ms. Tanaka is in charge of the new sales campaign.
- ▶ 田中さんは新しい sales campaign を担当している。

これが「310万人の人生を変えた英単語」だ 63

名 法務部
- 形 *illegal*（非合法の）

こたえ 法務部

> **すごいコツ** legalは「法律の」という意味の形容詞、departmentは「部局」という意味の名詞です。

名 事前通知
- *in advance*（前もって）

こたえ 事前通知

> **すごいコツ** advanceは「事前の」noticeは「通知」という意味です。without noticeだと、「通告なしに」という意味になります。

名 妥当な価格
- *extravagant price*（法外な値段）

こたえ 妥当な価格

> **すごいコツ** reasonableは筋を通す(reason)ことが可能な(-able)という意味から、「妥当な」という意味になるわけです。

名 大売り出し
- *advertising campaign*（宣伝活動）

こたえ 大売り出し

> **すごいコツ** salesは「特売」「売上高」などの意味を持つ名詞です。

頭に効く！すごい「テスト」②
「投資で成功する」英単語

Ⓐ

A〜Cの
イラストと同じ
英単語を探せ！

成長著しいのは国内？
それとも？

Ⓑ

地価上昇が見込めるなら、これに投資！

Ⓒ

資金を投入することを、何と言う？

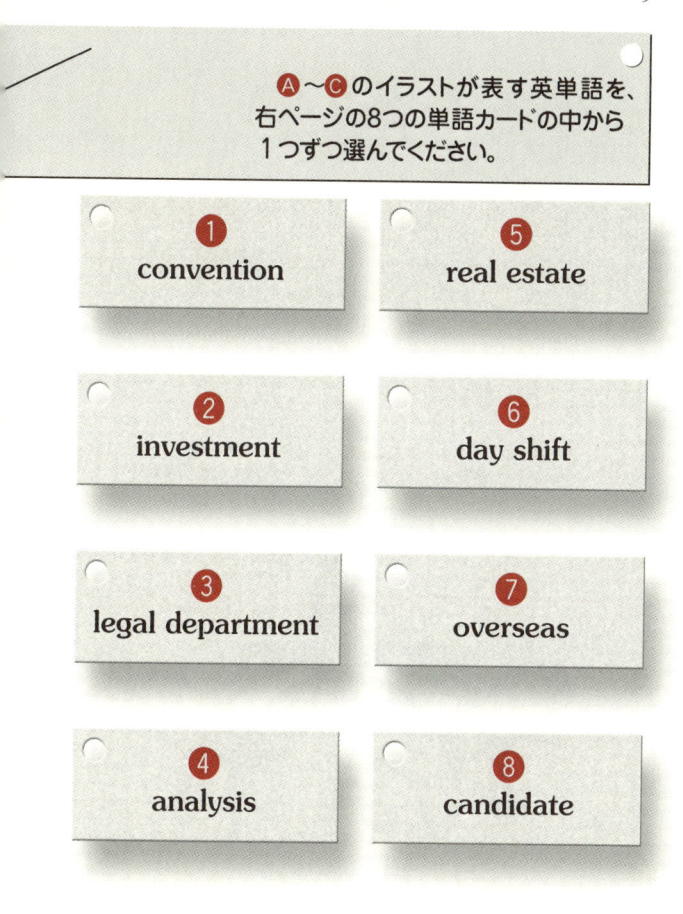

これが「310万人の人生を変えた英単語」だ 65

Ⓐ～Ⓒのイラストが表す英単語を、右ページの8つの単語カードの中から1つずつ選んでください。

❶ convention

❷ investment

❸ legal department

❹ analysis

❺ real estate

❻ day shift

❼ overseas

❽ candidate

こたえ Ⓐ＝❼ overseas, Ⓑ＝❷ investment, Ⓒ＝❺ real estate

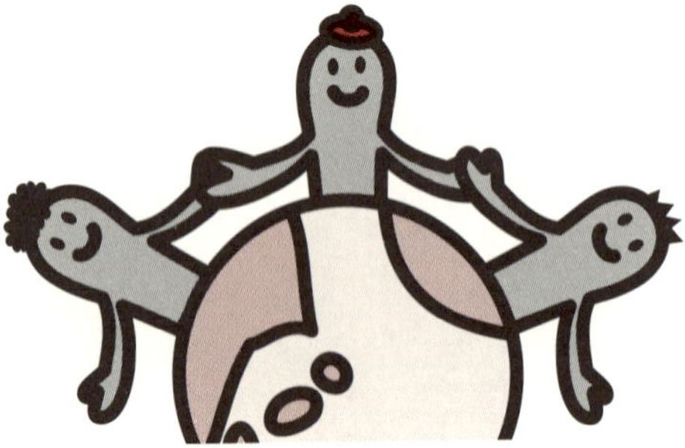

ONE WAY

3章

「一つ覚えて4つ覚える」芋づる式——だから、かんたん！

すごい「英単語」勉強法❸
ネットワーク化──
「1語1語覚える」と失敗する

　英単語を覚える一番いい方法を紹介しましょう。

　電話番号などの単純情報は覚えてもすぐに忘れてしまいます。すぐに忘れないようにするための方法としては、「何度も声に出して唱える」ことは効果的です。これは英単語を声に出して音と一緒に覚えるのに似ています。

　また、たとえば「1126」という番号だったら「いい風呂」という言葉と結びつけて覚えると忘れません。あるいは、この番号の持ち主が、佐藤さんだったら、【佐藤さんはたしか温泉が好きだ】→【佐藤さんが風呂に入って「いい風呂だー」と言う】→【佐藤さんの電話番号は1126だ。】と覚えておくと絶対に忘れません。

　一つの吸盤だけで冷蔵庫にくっついているタオル掛けはすぐに落っこちてしまいますが、吸盤がたくさんついているとなかなか落っこちないわけです。

　英単語の勉強もそれと同じです。**吸盤の数を多くすれば忘れにくくなる**のです。

　ですから、英単語を覚えるときは、いろいろな関連

する情報と結びつけて、覚えておけばいいのです。

たとえば、こんな具合です。

『management という単語は、分解すると、manage と ment だなあ。manage は【経営する】という意味だから、これはその名詞形か。たしか例文の中で、management strategy ってなってたなあ。strategy は「戦略」だから、「経営戦略」で、management は「経営」の意味だ。manager だったら【経営者】、マネージャーのことか』

このように、吸盤が有機的にたくさん結びついたタオル掛けのように、皆さんの頭脳に英単語をたくさんくっつけておくわけです。

この本でも、このネットワーク方式をフル活用しています。「仕事に使える英単語」をただ紹介するだけでなく、派生語や関連語もたくさん掲載して、覚えやすいつくりにしています。さらには、英単語を勉強するときは、**単語だけでなく例文と一緒に覚えたほうが、効率がいい**ものです。本書では、仕事に使える例文も一緒に掲載しています。勉強するときのシナジー（相乗）効果を高めようとしたわけです。もちろん、最初から「全部」おぼえようと無理をする必要はありません。何度も繰り返しながら、しっかりと無機質に思える英単語を有機的なネットワークへと変えていきましょう。

「すごろく」方式だから覚えやすい！

安河内式「ネットワーク」なら、1つの英単語を
「スタート」として、「すごろくで遊ぶ感覚」で
なんと18個の英単語をモノにできる！

⑤ branch manager
（支店長）

④ advertising manager
（宣伝部長）

③ section manager
（課長）

② manage a bank
（銀行を経営する）

② manager
（経営者）

① **manage**
（経営する）

② management
（経営）

③ asset management
（資産運用）

「1つ覚えて4つ覚える」芋づる式――だから、かんたん！

- ⑨ market（市場）
- ⑥ care manager（ケアマネージャー）
- ⑧ marketing（マーケティング）
- ② manage a business（事業を経営する）
- ⑦ marketing strategy（マーケティング戦略）
- ⑥ strategy（戦略）
- ⑤ management strategy（経営戦略）
- ⑦ investment strategy（投資戦略）
- ④ management position（管理職）
- ⑧ invest（投資する）
- ⑨ investor（投資者）

launch
{ láːntʃ / ローンチ }

- ▶ When will you launch your new website?
- ▶ あなたは新しいウェブサイトをいつ launch ますか。

preparation
{ prèpəréɪʃən / プリパレイシャン }

- ▶ Have you finished the preparations for the party?
- ▶ パーティーの preparations は終わりましたか。

committee
{ kəmíti / カミッティー }

- ▶ The committee decided to elect a new chairman.
- ▶ committee は新しい議長を選ぶことを決定した。

reception
{ rɪsépʃən / リセプシャン }

- ▶ You can get information at the reception desk.
- ▶ reception で情報を得ることができます。

動 始める

こたえ: 立ち上げ

> **すごいコツ**
> launch a rocket「ロケットを打ち上げる」のように「発射する」という意味でも用います。

名 準備

- *make preparations for ~*
  （〜の準備をする）

こたえ: 準備

> **すごいコツ**
> prepare（準備する）という動詞の名詞形です。pre- という接頭辞は「前」を表します。

名 委員会

- *advisory committee*（諮問委員会）

こたえ: 委員会

> **すごいコツ**
> ee の上にはアクセントが置かれることが多いのですが、この単語は例外です。cóffee も例外です。

名 受付

- 動 *receive*（受け取る, 受け入れる）

こたえ: 受付

> **すごいコツ**
> 「歓迎会」という意味もあります。カタカナ語の「レセプション」はこちらの意味で多く使われますね。

approve
[əprúːv / アプルーブ]

- The sales manager should not approve every sales proposal.
- 営業部長はすべての販売計画を approve すべきではない。

convenient
[kənvíːnjənt / カンヴィーニャント]

- Please let me know when it's convenient to see you.
- お会いするのはいつが convenient かを私に知らせてください。

risk
[rísk / リスク]

- There is some risk involved in investing in stocks.
- 株式投資には何らかの risk が伴う。

submit
[səbmít / サブミット]

- Please submit your application no later than Tuesday.
- 火曜日までに申込書を submit してください。

動 承認する

こたえ：承認

- 動 *disapprove*（認めない）
- *approve of ~*（～に同意する）

すごいコツ　名詞形にするとapprovalという形になり、「承認」という意味です。

形 便利な

こたえ：都合がよい

- 名 *convenience*（便利さ）
- 形 *inconvenient*（不便な）

すごいコツ　都合を問う場合は人間を主語にせず、itを主語にして Is it convenient for you～とします。

名 危険

こたえ：危険

- 形 *risky*（危険な）
- *run[take] a risk*（危険を冒す）

すごいコツ　「ハイリスクハイリターン」というカタカナ語に出てくるリスクがこの単語です。

動 提出する

こたえ：提出

- *submit ~ to …*（…に～を提出する）

すごいコツ　この単語はhand inという熟語とも言い換えることができます。

found
[fáund / ファウンド]

- He founded the company in 1990.
- 彼はその会社を1990年に founded した。

workshop
[wə́ːkʃɑ̀p / ワークシャップ]

- Will you attend the sales workshop?
- あなたは営業 workshop に出席しますか。

community
[kəmjúːnəti / カミュニティ]

- He is a long-time member of the community.
- 彼は長期にわたってその community に所属している。

resident
[rézɪdənt / レジデント]

- He is a legal resident of the country.
- 彼は法律上その国の合法的な resident だ。

動 設立する

☑ *establish, set up*

こたえ: 設立

> **すごいコツ**: find（見つける）の過去形のfoundと間違えないようにしましょう。この単語はfound - founded - foundedと活用します。

名 研修会

こたえ: 研修会

> **すごいコツ**: shopには「店」という意味ばかりではなく「仕事場」や「作業場」という意味もあります。この単語はそこからきています。

名 地域社会

☑ *community center*
（コミュニティーセンター）

こたえ: 地域社会

> **すごいコツ**: com-という接頭辞は「共に」という意味を表します。「共に生きる社会」と理解しましょう。

名 居住者

☑ 名 *residence*（住居）

こたえ: 居住者

> **すごいコツ**: 「在留外人」のことはforeign residentsといいます。residential areaというと「住宅地」のことです。

register

[rédʒəstə]
レジスター

- Cathy is registered as an accountant.
- キャシーは会計士として registered されている。

exchange

[ɪkstʃéɪndʒ]
イクス**チェ**インジ

- What's the dollar to yen exchange rate today?
- 今日はドルの円に対する exchange レートはいくらですか。

provide

[prəváɪd]
プラ**ヴァ**イド

- Please provide two copies of identification when you apply for the credit card.
- クレジットカードを申し込む際は身分証明を2通 provide してください。

outlook

[áutlùk]
アウトルック

- What is the current outlook on the economy?
- 経済に対する現在の outlook はどうですか。

動 登録する

☑ *registered mail*（書留郵便）

こたえ　登録

> **すごいコツ**　コンピューターのレジストリ（registry）とは設定情報を「登録」しておくデータベースのことですね。

名 交換

☑ *exchange ~ for ...*
（~を…と交換する）

こたえ　交換

> **すごいコツ**　ex-は「……から外へ」という意味をもつ接頭辞ですが、この単語は「外へ離れていって入れ替わる」というところからきています。

動 提供する

☑ *provide ~ with ...*（~に…を供給する）

こたえ　提供

> **すごいコツ**　proは「プロ」というよりは「プラ」のように発音します。綴りにつられないように注意しましょう。

名 見解

☑ *one's outlook on life*（人生観）

こたえ　見通し

> **すごいコツ**　「外（out）を大きく見晴らして（look）持った考え」と覚えておきましょう。

negotiator
[nɪgóuʃièɪtə / ニゴウシエイタ]

- Let's ask a negotiator to help us with the contract.
- 契約を手伝ってくれるよう negotiator に頼もう。

export
[ékspɔət / エクスポアト]

- This product is only available for export.
- この製品は export にのみ利用されます。

retirement
[rɪtáɪəmənt / リタイアマント]

- Mr. Jansen is close to retirement.
- ジャンセン氏は retirement が近い。

vote
[vóut / ヴォウト]

- Every citizen has the right to vote.
- すべての市民は vote を持っている。

名 交渉人

- ☑ 動 *negotiate*（交渉する）
  - 名 *negotiation*（交渉）

こたえ　交渉人

> **すごいコツ** 立てこもり事件の解決で大活躍するのも、警察のnegotiatorですね。-orは「-する人」という意味の接尾語です。

名 輸出

- ☑ *import*（需輸入（する））

こたえ　輸出

> **すごいコツ** ex-という接頭辞は「外へ」という意味がありますが、port（港）から外へ出て行くのだから「輸出」だと覚えましょう。

名 退職

- ☑ 動 *retire*（(定年)退職する）
- ☑ *reach the retirement age*（定年に達する）

こたえ　退職

> **すごいコツ** 日本語の「リタイアする」は脱落するという意味で使われることが多いですが、これを表す英語はdrop out（脱落する）になります。

動 投票する

- ☑ 名 *voter*（有権者）

こたえ　選挙権

> **すごいコツ** 名詞として「票」という意味でも用いられます。「不在者投票」はabsentee voteと言います。

deficit
{ défəsɑt / デフィサット }

- ▶The government has to find a way to control the deficit.
- ▶政府は deficit を食い止める方法を見つけねばならない。

merger
{ mə́:dʒə / マージャー }

- ▶The two corporations are planning a merger.
- ▶その2つの企業は merger を計画している。

task
{ tǽsk / タスク }

- ▶The new software can handle many difficult tasks.
- ▶その新しいソフトは多くの難しい tasks を扱うことができる。

benefit
{ bénəfɪt / ベナフィット }

- ▶The major software company offers its employees many benefits.
- ▶その大手ソフト会社は従業員に多くの benefits を与えている。

名 赤字

☑ *surplus*（黒字）

こたえ：赤字

> **すごいコツ** trade deficitは「貿易赤字」のことです。「貿易黒字」はtrade surplusといいます。

名 合併

こたえ：合併

> **すごいコツ** ニュースで耳にするM&Aという略語はmerger and acquisition（吸収合併）の略語です。

名 仕事

☑ *achieve[perform] a task*
（仕事を成し遂げる）

こたえ：タスク

> **すごいコツ** コンピューターが処理する一つの作業も「タスク」と呼ばれますね。

名 利益

☑ 形 *beneficial*（有益な）

☑ *profit*（利益）

こたえ：特典

> **すごいコツ** fringe benefitは「年金や健康保険などの」厚生給付のことをいいます。

lab

[læb / ラブ]

- The scientist worked in the lab all day.
- その科学者は1日中 lab で働いた。

purchase order

- The numbers on the purchase order seem to be wrong.
- purchase order に書かれた数字が間違っているようだ。

weather forecast

- The weather forecast said it would be sunny today.
- weather forecast によれば今日は晴れそうだ。

retail outlet

- Our retail outlet sells more than our online store.
- 当社の retail outlet は、オンライン店よりも多くの品を売っている。

名 実験室

- ☑ *laboratory*の略語
- ☑ *lab animals*（実験用動物）

こたえ 実験室

> **すごいコツ** laboratoryの短縮形です。日本語ではよく「ラボ」と言いますが、英語ではlabです。

名 注文書

- ☑ *large[small] order*
  （大口［小口］の注文）

こたえ 注文書

> **すごいコツ** orderは「注文する」という意味の動詞としても用いることができますが、この表現では名詞として用いられています。

名 天気予報

- ☑ *according to the weather forecast*
  （天気予報によれば）

こたえ 天気予報

> **すごいコツ** fore-「前もって」という意味の接頭辞です。前もって(fore-)投げる(cast)というところから「予測」という意味が生まれます。

名 小売店

- ☑ 動 *retailer*（小売商人）

こたえ 小売店

> **すごいコツ** retailは「小売り」という意味、outletは「販売代理店」という意味の名詞です。

branch office

- We have a new branch office in the next town.
- 当社は次の町に新しい branch office があります。

hotel clerk

- Ask the hotel clerk for your room key.
- hotel clerk に部屋のかぎをもらいなさい。

business trip

- Ms. Holloway is away on a business trip this week.
- ホロウェイさんは今週は business trip で不在です。

job applicant

- Another job applicant will have an interview today.
- 本日もう1人の job applicant の面接が行われます。

名 支社

- ☑ a head office（本社）
- ☑ 名 branch（支点、枝）

こたえ: 支社

> **すごいコツ**: branchはもともと「枝」という意味です。「枝分かれしてできたオフィス」だから「支社」という意味になるわけです。

名 ホテルのフロント係

- ☑ (hotel) page（ホテルのボーイ）

こたえ: ホテルのフロント係

> **すごいコツ**: ホテルには他に、concierge（コンシェルジェ）というサービス係もいて、旅や娯楽の手配などを行います。

名 出張

こたえ: 出張

> **すごいコツ**: 「出張に出かける」と言う場合には、go on a business trip という表現を用います。

名 仕事への応募者

- ☑ apply for a job（仕事に応募する）

こたえ: 仕事への応募者

> **すごいコツ**: applyは「応募する」という意味です。これに「人」を表す-antという接尾辞がついたのが、applicant（応募者）です。

application form

- ▶ Please fill out the application form.
- ▶ application form に記入してください。

travel agent

- ▶ Can you recommend a good travel agent?
- ▶ よい travel agent を紹介してもらえますか。

labor union

- ▶ The labor union is planning to go on strike.
- ▶ labor union はストライキを行うことを計画している。

law firm

- ▶ My uncle is a partner in a law firm.
- ▶ 私のおじはある law firm の共同出資者です。

名 申込用紙

☑ *fill in[out] an application form*
（申込用紙に記入する）

こたえ：申込用紙

> **すごいコツ** applicationはapply（申し込む）という動詞の名詞形です。formには「用紙」という意味があります。

名 旅行業者

☑ *travel agency*（旅行代理店）

こたえ：旅行業者

> **すごいコツ** agentには「代理人」という意味があります。映画ではよく「スパイ」の意味で出てきますね。

名 労働組合

☑ 名 *laborer*（労働者）

こたえ：労働組合

> **すごいコツ** labor（労働）と、union（連合）という二つの名詞でできた合成語です。

名 法律事務所

☑ 名 *lawyer*（弁護士）

こたえ：法律事務所

> **すごいコツ** lawは「法律」firmは「会社」という意味の名詞です。firmの発音には注意しましょう。

pension plan

- ▶ My company provides a good pension plan.
- ▶ 私の会社はよい pension plan を提供しています。

stock market

- ▶ I can get stock market data over the Internet.
- ▶ 私はインターネットで stock market のデータを手に入れることができる。

income tax

- ▶ I will file my income tax papers today.
- ▶ 私は今日 income tax の書類を提出します。

standard model

- ▶ I bought the standard model computer.
- ▶ 私は standard model のコンピューターを買った。

名 年金制度

- ☑ 名 *pensioner*（年金受給者）
- 名 *pension*（年金）

こたえ: 年金制度

すごいコツ: pensionは「年金」という意味です。日本語のカタカナ語の「ペンション」はこの単語の別の意味、「賄い付きの宿」を表します。

名 株式市場

こたえ: 株式市場

すごいコツ: stockは「株」のことです。「東京証券取引所」はTokyo Stock Exchangeと表現します。

名 所得税

- ☑ *property tax*（固定資産税）

こたえ: 所得税

すごいコツ: income（所得）とtax（税金）の合成語です。「消費税」はconsumption taxといいます。

名 標準型

- ☑ 動 *standardize*（規格化する）

こたえ: 標準型

すごいコツ: 「スタンダード」というカタカナ語としてもおなじみですが、standardは「標準」という意味です。

頭に効く！すごい「テスト」③
「定年後を楽しむ」英単語

Ⓐ～Ⓒの イラストと同じ 英単語を探せ！

「60歳になって会社を辞める」のは？

この「制度」があるなら、とりあえず安心？

世界一周旅行をするなら、まずどこに行く？

「1つ覚えて4つ覚える」芋づる式——だから、かんたん！ 93

Ⓐ〜Ⓒのイラストが表す英単語を、
右ページの8つの単語カードの中から
1つずつ選んでください。

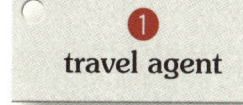

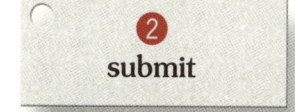

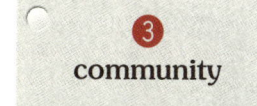

❶ travel agent

❷ submit

❸ community

❹ pension plan

❺ vote

❻ retirement

❼ retail outlet

❽ lab

こたえ Ⓐ＝❻retirement、Ⓑ＝❹pension plan、Ⓒ＝❶travel agent

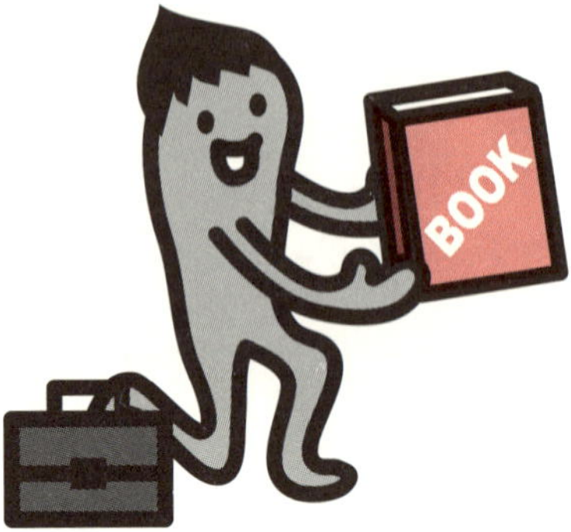
BOOK

ONE WAY

4章 社会人として「知っておくべき英単語」がある!

すごい「英単語」勉強法 ❹
「pre」「sub」──「接頭辞の意味」を知ると、すごくラク!

ここで「漢字テスト」をしてみましょう。

下の漢字の読み方と意味を答えてください。

　　　鯖　　鯛　　鯉　　鰹　　鰯

どうですか? 全部読めましたか?

さて、皆さんがこれらの漢字を読もうとしたとき、まず注目したのはどこでしょうか?

「さかな偏」ですよね。

意味を考える場合にも、漢字が読めなくても、「さかな偏」がついているから、「魚」の一種だろうと考えるはずです。このように、ある程度ではありますが、漢字の読みや意味を知るには、そのつくりから推測できます。

じつは、この方式は英語にも使えるのです。

無機質なアルファベットの連続に思える英単語にも、このような「覚えるコツ」のようなものが隠されていることがあります。

さて、今度は「英単語テスト」です。それぞれの単

社会人として「知っておくべき英単語」がある！

語の意味を考えてみてください。

submarine　subway　subconscious　subtype
subadult

共通点は何でしょうか？

そうです。すべての単語は sub- という接頭辞で始まっています。sub- という接頭辞は「下」を表すため、これらすべては「下」に関連する意味を持っているのです。

submarine は「マリーンの下を行くもの」→「潜水艦」

subway は「下の way（道）」→「地下鉄」

subconscious は「下にある conscious（意識の）」→「潜在意識の」

subtype は「下のタイプ」→「下位分類」

subadult は「大人の下の人」→「成長期の人」

と覚えると、忘れにくくなるはずです。

ですから、この本でも、このような「役に立つ接尾辞や接頭辞」をたくさん紹介していきます。単語を覚えたり、増やしたりする際に、このような接頭辞や接尾辞の知識をフル活用してくださいね。

漢字テストの答：
サバ　タイ　コイ　カツオ　イワシ

tourism
{ túərìzm / ツアリズム }

- ▶ The country thrives on tourism.
- ▶ その国は tourism で栄えている。

conclusion
{ kənklúːʒən / カンクルージャン }

- ▶ The boss hasn't come to a conclusion about the deal.
- ▶ 上司はその取引に関して conclusion に達していない。

collaboration
{ kəlæbəréɪʃən / カラバレイシャン }

- ▶ The two artists decided to work on a collaboration.
- ▶ その2人の芸術家は collaboration に取り組むことに決めた。

production
{ prədʌ́kʃən / プラダクシャン }

- ▶ Production on the item has been delayed.
- ▶ その品の Production は遅れている。

名 観光事業

- ☑ 名 *tourist*（観光客）

こたえ：観光事業

> **すごいコツ**: -ismは「行動」や「主義」を表す接尾辞です。tour（旅行）にこれがくっついたわけです。

名 結論

- ☑ 動 *conclude*（結論づける）

こたえ：結論

> **すごいコツ**: conclude（結論づける）という動詞の名詞形です。プレゼンではこの結論がはっきりしていることが重要ですね。

名 協力

- ☑ 動 *collaborate*（協力する）

こたえ：合作

> **すごいコツ**: collaborate（協力する）という動詞の名詞形です。co-という接頭辞には「共同」の意味があります。

名 生産

- ☑ 動 *produce*（生産する）
  - 名 *product*（製品，産物）

こたえ：生産

> **すごいコツ**: この単語の反対語はconsumption（消費）です。「消費する」という動詞はconsumeです。

method
[méθəd / メサッド]

- ▶ Please choose a method of payment for the goods.
- ▶ その商品の支払い method を選んでください。

passenger
[pǽsndʒə / パッセンジャ]

- ▶ There was a sick passenger on the plane.
- ▶ その飛行機には病気の passenger がいた。

item
[áɪtəm / アイタム]

- ▶ Every item in the store is half-price this weekend.
- ▶ その店のすべての item は今週末半額です。

release
[rɪlíːs / リリース]

- ▶ The president is getting ready to release a statement to the press.
- ▶ 大統領は報道機関に声明を release する準備をしている。

名 方法
☑ *conventional method*（従来の方法）

こたえ：方法

すごいコツ 参考書のタイトルなどに「〜式メソッド」などという名前がついているのをよく見かけますね。

名 乗客
☑ *elevator passengers*
（エレベーターに乗っている人）

こたえ：乗客

すごいコツ 車の「助手席」のことは英語ではpassenger seatといいます。

名 品目
☑ 動 *itemize*（明細を示す）

こたえ：品目

すごいコツ 雑誌などでよく「おしゃれアイテム特集」なんてやってますね。

動 発表する
☑ *release a movie*（映画を封切りする）

こたえ：発表

すごいコツ 「解き放す」という意味でもよく使われます。「自由にしてくれー。」というセリフはRelease me.です。

advertisement

[ǽdvətáɪzmənt]
[アドヴァ**タイズ**マント]

▶ Did you see our new advertisement in the paper?

▶ 当社の新しい新聞 advertisement をごらんになりましたか。

audience

[ɔ́ːdiəns]
[**オー**ディアンス]

▶ The audience gave the performer a standing ovation.

▶ audience は演奏者にスタンディング・オベーションを送った。

include

[ɪnklúːd]
[イン**クルー**ド]

▶ Don't forget to include a self-addressed envelope with your letter.

▶ 手紙には自分の宛て名を書いた封筒を忘れずに include ください。

instruction

[ɪnstrʌ́kʃən]
[インスト**ラ**クシャン]

▶ I can't complete the task without proper instruction.

▶ 適切な instruction がなければ私はその仕事を完成できません。

名 広告

- ☑ 動 *advertise*（広告する）
  - 名 *advertising*（広告業）

こたえ：広告

> **すごいコツ** 略してadとなってしまうこともあるので注意しましょう。newspaper adだと「新聞広告」という意味です。

名 聴衆

- ☑ *a large[small] audience*（多くの［少ない］聴衆）

こたえ：聴衆

> **すごいコツ** 「オーディオ」という言葉にもあるように、audi-という接頭辞は「音」を意味しています。

動 含む

- ☑ 前 *including*（〜を含めて）
- ☑ *exclude*（除外する）

こたえ：入れて

> **すごいコツ** in-という接頭辞は「中に」を意味します。「外に」を意味するex-と交換すると反対語のexcludeになります。

名 指図

- ☑ 動 *instruct*（指導する）

こたえ：指図

> **すごいコツ** 複数形で、「使用説明書」という意味でもよく用いられます。

process
[práses / プラセス]

- Negotiating a deal is usually a lengthy process.
- 取引の交渉は通常時間のかかる process である。

category
[kǽtəgɔ̀əri / キャタゴアリ]

- Please put the files in the right category.
- ファイルを正しい category 内に入れてください。

economist
[ɪkánəmɪst / イカナミスト]

- Economists believe that a recession is coming.
- 不況が来つつあると Economists たちは信じている。

career
[kəríə / カリア]

- Paula decided to change careers.
- ポーラは careers を変えることを決心した。

名 過程

☑ *processed food*（加工食品）

こたえ 作業

すごいコツ　「コンピューターでデータを処理する」という意味の動詞もこのprocessです。

名 部門

☑ 動 *categorize*（分類する）

こたえ 部門

すごいコツ　「範疇」という訳語も一般的ですが、これよりもむしろカタカナ語の「カテゴリー」の方が定着していますね。

名 経済学者

☑ 形 *economy*（経済学）

こたえ 経済学者

すごいコツ　-istは「人」を表す接尾辞です。pianistの-istもそうですね。

名 職業

☑ *career change*（転職）

こたえ 職業

すごいコツ　eeの上にアクセントが置かれることに注意して発音しましょう。

supervise

{ súːpəvàɪz スーパヴァイズ }

- Ms. Lew was hired to supervise a 20-member staff.
- リューさんは20人の職員を supervise ために雇われた。

site

{ sáɪt サイト }

- We visited the building site.
- 私たちは建設 site を訪問した。

savings

{ séɪvɪŋz セイヴィングズ }

- I have little savings left.
- 私の savings はほとんど残っていない。

client

{ kláɪənt クライアント }

- I'm scheduled to meet the client at 11:00 a.m. today.
- 私は今日の午前11時に client と会う予定になっています。

動 監督する

- ☑ 名 *supervision*（監督）

こたえ: 監督

すごいコツ: super-という接頭辞は「上位」や「超過」を意味します。

名 用地

- ☑ *building site*（建設現場）

こたえ: 現場

すごいコツ: インターネット上で情報が保管されているサーバーのこともsiteと呼ばれます。

名 預金

- ☑ *savings bank*（貯蓄銀行, 貯金箱）

こたえ: 預金

すごいコツ: 銀行の「普通預金」のことをsavings accountといいます。

名 顧客

こたえ: 顧客

すごいコツ: clientは弁護士・広告会社などの顧客のことです。店の客はcustomerといいます。

finance
[fɪnǽns / ファイナンス]

- I studied finance in college.
- 私は大学で finance を研究した。

security
[sekjúərəti / セキュリティ]

- We're going to have a security system installed.
- 我々は security システムを設置するつもりです。

intensive
[ɪnténsɪv / インテンシヴ]

- We attended an intensive five-day seminar.
- 我々は intensive 5日間のセミナーに出席した。

material
[mətíəriəl / マティアリアル]

- We have a lot of material about the subject.
- 我々はそのテーマに関して多くの material を持っている。

名 財政

- 形 *financial*（財政の）
- *the finance department*（財務部）

こたえ: 財政金融学

すごいコツ: 「ファイナンシャルプラナー」の資格が人気ですが、これも個人の財政管理をする仕事ですね。

名 警備

- 形 *secure*（安全な）

こたえ: 警備

すごいコツ: 空港などでの「ボディチェック」のことを英語ではsecurity checkと言います。body checkはホッケーの体当たりです。

形 集中的な

- *intensive care unit*（集中治療室＜ICU＞）

こたえ: 集中的な

すごいコツ: intensive readingは「精読」という意味です。「多読」はextensive readingといいます。やはりin-とex-で反対語です。

名 材料

- *raw materials*（原材料）

こたえ: 材料

すごいコツ: Madonnaのヒットソングにmaterial girlがありますが、これは「物欲旺盛な少女」というような意味です。

location

[loukéɪʃən]
ロウケイシャン

- ▶ We will move our office to a better location.
- ▶ 我々はもっとよい location に事務所を移転するつもりだ。

recycled paper

- ▶ We only use recycled paper in the office.
- ▶ 我々のオフィスでは recycled paper しか使わない。

office furniture

- ▶ We need to buy new office furniture.
- ▶ 我々は新しい office furniture を買う必要がある。

supply and demand

- ▶ It's essential that we pay more attention to energy supply and demand.
- ▶ 我々はエネルギーの supply and demand により多くの注意を払うことが不可欠だ。

名 場所

- ☑ 動 *locate*（置く）

こたえ　場所

> **すごいコツ** 日本語の「ロケ」は「映画の野外撮影」という意味ですが、英語のlocationにもこの意味があります。

名 再生紙

- ☑ 動 *recycle*（再生利用する）
- 形 *recyclable*（再生利用できる）

こたえ　再生紙

> **すごいコツ** re-は「再び」という意味なので、「再び循環(cycle)する」と連想してrecycle（再利用する）という単語を覚えておきましょう。

名 オフィス家具

こたえ　オフィス家具

> **すごいコツ** furnitureは不可算名詞なので、「1点の家具」はa piece[an article] of furnitureと言います。

名 需要と供給

- ☑ *supply and demand adjustment*（需給調整）

こたえ　需要と供給

> **すごいコツ** 英語との日本語で順番が逆になることに注意しましょう。

fiscal year

- We'll have a budget meeting at the end of the fiscal year.
- 我々は fiscal year の末に予算会議を開きます。

marketing strategy

- We need to develop a new marketing strategy to reach our target market.
- 我々は目標とする市場に到達するために新たな marketing strategy を開発する必要がある。

investment plan

- Do you have a good investment plan?
- あなたはよい investment plan を持っていますか。

continental breakfast

- That hotel offers a free continental breakfast.
- あのホテルは無料の continental breakfast を出す。

名 会計年度

☑ *fiscal stamp*（収入印紙）

こたえ: 会計年度

すごいコツ 暦上の年ではなく、税金や国家予算の計算に用いられる4月に始まる年度のことをいいます。

名 販売戦略

☑ 「戦術」は*tactics*。

こたえ: 販売戦略

すごいコツ marketingとは「市場での売買」という意味です。strategyは「戦略」という意味の名詞ですね。

名 投資プラン

☑ *stock investment*（株式投資）

こたえ: 投資プラン

すごいコツ invest（投資する）という動詞に、名詞を作る-mentという接尾辞がくっついてinvestment（投資）という名詞になりました。

名 ヨーロッパ式朝食

☑ *continental*（大陸の）

こたえ: ヨーロッパ式朝食

すごいコツ パンとコーヒーだけの軽い朝食のことです。English breakfast（イギリス式朝食）は卵にベーコン、トースト、紅茶が定番。

sales representative

- A sales representative will come by and show you what we offer.
- sales representative が立ち寄って当社の提供品をあなたにお見せします。

financial report

- The company filed its quarterly financial report.
- 会社は四半期ごとの financial report を提出した。

public reputation

- Companies are always careful about their public reputation.
- 会社は常に自社の public reputation を気にする。

job seeker

- Job seekers are frustrated about the lack of jobs.
- Job seekers たちは仕事の不足に失望している。

名 営業マン

こたえ: 営業マン

> **すごいコツ**: representativeはふつう「代表者, 代理人」ですが、「外交員、セールスマン」の意味もあります。

名 会計報告

- 「会計年度」は *a fiscal year*。

こたえ: 会計報告

> **すごいコツ**: financialは「ファナンシュル」とも「ファイナンシュル」とも発音されます。

名 一般的評判

- 形 *reputable*（評判のよい）
- 形 *reputed*（評判のよい）

こたえ: 一般的評判

> **すごいコツ**: publicは「公の」、reputationは「評判」という意味です。

名 求職者

- *job-hunter*
- *seek*（捜し求める）

こたえ: 求職者

> **すごいコツ**: seekに「……する人」という意味の-erという接尾辞がついて、seeker（求める人）という単語になりました。

annual conference

- ▶ Carol is in charge of planning the annual conference.
- ▶ キャロルは annual conference の計画を担当している。

public relations

- ▶ He's an expert at public relations.
- ▶ 彼は public relations の専門家だ。

book review

- ▶ I read a book review on the bestselling novel today.
- ▶ 今日私はそのベストセラー小説の book review を読んだ。

security guard

- ▶ The security guard caught an intruder on the premises.
- ▶ security guard はその建物への侵入者を捕らえた。

社会人として「知っておくべき英単語」がある！ 117

名 年次会議

☑ *annual report*（年次報告書）
annual budget（年間予算）

こたえ 年次会議

すごいコツ annualは「年次の」という意味の形容詞です。また、conferenceは「会議」という意味の名詞です。

名 広報

こたえ 広報

すごいコツ 略してPRとも言います。活動や商品などを広く知らせるための活動です。

名 書評

☑ 動詞の*review*は「再調査する，復習する」の意味。

こたえ 書評

すごいコツ 日本語のカタカナ語では「レビュー」といいますが、英語発音では「リビュー」のように発音するので注意しましょう。

名 警備員

☑ *security*（安全）

こたえ 警備員

すごいコツ guardは「守衛，ガードマン」のことです。カタカナ語のようにguard manとはいいません。

頭に効く！すごい「テスト」④
「映画で感動できる」英単語

A Ⓐ〜Ⓒの イラストと同じ 英単語を探せ！

映画をつくるとき「一番偉い人」は？

B 泣ける映画

「マスコミに発表する」ことを何と言う？

C

映画館で泣いたり、感動したりする人は？

社会人として「知っておくべき英単語」がある！ 119

Ⓐ〜Ⓒのイラストが表す英単語を、右ページの8つの単語カードの中から1つずつ選んでください。

❶ passenger

❷ supervise

❸ fiscal year

❹ audience

❺ supply and demand

❻ material

❼ release

❽ investment plan

こたえ Ⓐ＝❷ supervise, Ⓑ＝❼ release, Ⓒ＝❹ audience

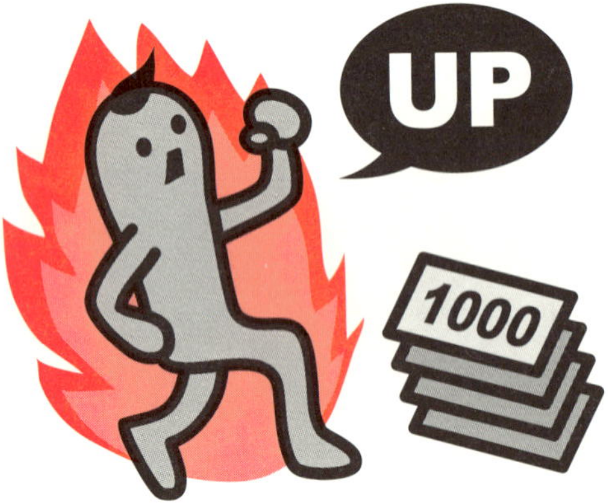
UP
1000

ONE WAY

5章

「年収に直結する英単語がある」って本当?

すごい「英単語」勉強法❺

「1分間英単語」のすすめ

　「勉強」という言葉を聞いた瞬間、堅くなってしまう人が多いようです。

　そのような人たちは、まじめに考え過ぎているのです。私たちを「勉強嫌い」にしてしまう思いこみには次のようなものがあります。

「勉強は根気よく長時間やらなくちゃならない」

「勉強は机についてやらなければならない」

「勉強は静かに行儀よくやらなければならない」

　もし、このような考え方を捨てることができなかったなら、現代の社会では勉強ができる人なんて、ほとんどいなくなってしまうのではないでしょうか。

　よく「今日は1時間も勉強できない」と言う人がいます。

　ただ、よく考えてみてください。**1時間も続けて勉強できるなんて、よほどのヒマ人か大金持ちだけでしょう。**

これからは「1時間単位」で勉強時間を考えるのをやめてみましょう。
「勉強時間は1分単位で。」
　これが勉強ができるようになるコツです。

　毎朝、トイレで5分間、電車で23分間、休み時間に17分間と21分間、喫茶店で14分間……このようにして、「1分間」を積み重ねていけば、すぐに1日に1時間や2時間は稼げてしまいます。

　私自身は静かな所で長く勉強しているとすぐにあきてしまうので、暗記ものはこのような隙間時間に急いで詰め込むようにしています。なぜかダラダラと長時間やるよりも効率よく覚えられるから不思議です。

　この本はどこでも開いて勉強できる便利な文庫本タイプの「英単語手帳」です。電車に乗っているときでも、何かを食べているときでも、「ながら勉強」でかまいません。

　片手に本書を持って、**「1分間」**で1ページでも、少しずつ積み重ねていきましょう。

appoint
[əpɔ́int / アポイント]

- When will the CEO appoint a successor?
- CEOはいつ後任を appoint するでしょうか。

occupation
[àkjəpéiʃən / アキュペイシャン]

- What's your current occupation?
- あなたの現在の occupation は何ですか。

individual
[ìndəvídʒuəl / インダビジュアル]

- You must claim taxes as an individual.
- あなたは individual として税金を申告しなければならない。

workforce
[wə́:kfɔ̀əs / ワークフォース]

- That corporation has a large workforce.
- あの会社は大きな workforce を持っている。

動 任命する

☑ *appoint* ～ *as* …
（～を…として任命する）

こたえ：任命

> **すごいコツ** この単語の中に入っているpointは指すという意味ですが、任命しているときに人を指さしている姿をイメージすると覚えやすいです。

名 職業

☑ *service occupation*（サービス業）

こたえ：職業

> **すごいコツ** occupationには「占領」という意味もあります。「占領する」という意味の動詞はoccupyです。

名 個人

☑ 名 *individuality*（個性）

こたえ：個人

> **すごいコツ** 人間の集団を分けて(divide)いっても、それ以上は分けることが(in)できないということ。in-は「否定」の意味を持つ接頭辞。

名 労働力

☑ *labor force*

こたえ：労働力

> **すごいコツ** forceは「力」という意味なので、workと結びついてこの意味になったわけです。

questionnaire
{ kwèstʃənéə / クエスチョネア }

- ▶ Please hand in your questionnaires at the front desk.
- ▶ questionnaires を受付で提出してください。

expectation
{ èkspektéɪʃən / エクスペク**テイ**シャン }

- ▶ Our profit this quarter exceeded our expectations.
- ▶ 今四半期の利益は expectations を上回った。

temporary
{ témpərèəri / **テン**パレアリ }

- ▶ Jack's position in the company is only temporary.
- ▶ 会社でのジャックの地位は temporary なものにすぎない。

decade
{ dékeɪd / **デ**ケイド }

- ▶ He has been president of this company for over a decade.
- ▶ 彼は decade 以上この会社の社長を続けている。

名 アンケート

- ☑ *answer a questionnaire*
（アンケートに答える）

こたえ：アンケート

> **すごいコツ** アンケートというカタカナ語はフランス語に語源があり英語ではないので注意しましょう。

名 期待

- ☑ 動 *expect*（期待する）

こたえ：期待

> **すごいコツ** She is expecting a baby. と言うと、「彼女は出産予定である」という意味。expectは「出産の予定である」という意味でも使います。

形 一時の

- ☑ 副 *temporarily*（一時的に）
- ☑ *permanent*（永久の）

こたえ：一時的

> **すごいコツ** 「テンポラリー」という派遣会社がありますが、一時的な労力不足を派遣で補うというところから付けられた社名でしょうね。

名 10年間

こたえ：10年間

> **すごいコツ** for decades「何十年間も」という熟語だと「何十年も」という意味を表すことができます。

chairperson

tʃéəpə̀:sn
チェアパーソン

- The chairperson will make a speech now.
- chairperson が今からスピーチを行います。

developer

dɪvéləpə
ディベラッパー

- Carol is a software developer.
- キャロルはソフトウェアの developer だ。

paperwork

péɪpəwə̀:k
ペイパーワーク

- You have to do a lot of paperwork to get a bank loan.
- 銀行ローンを組むためには多くの paperwork をしなければならない。

fare

féə
フェア

- The taxi fare from the airport is $50.00.
- 空港からのタクシー fare は50ドルです。

名 議長

☑ 動 *chair*（司会を務める）

こたえ：議長

> **すごいコツ**　今では男女平等への意識から、chairmanよりも男女の別のないこちらの単語がよく使われます。

名 開発業者

☑ 動 *develop*（開発する）

こたえ：開発者

> **すごいコツ**　-erという接尾辞は「……するもの」という意味です。develop（開発する）ものだから「開発業者」になるのですね。

名 書類事務

☑ *work*と同様に不可算名詞なので複数形にはしない。

こたえ：書類事務

> **すごいコツ**　paperには書類という意味があり、これが「事務」を表すworkと結びついた単語です。

名 運賃

☑ *fare adjustment*
（運賃清算）

こたえ：運賃

> **すごいコツ**　乗り物の代金はfareです。専門サービスに対する謝礼や料金を表すfeeと間違えないように注意しましょう。

colleague
{ káli:g / カリーグ }

- Gary bumped into his colleagues today.
- ゲーリーは今日 colleagues と偶然出会った。

equipment
{ ɪkwípmənt / イクイップマント }

- The inspector was looking for faulty equipment at the plant.
- 検査官はその工場で欠陥のある equipment を探していた。

concept
{ kánsept / カンセプト }

- The architect came up with a new concept for the building design.
- 建築家はその建物の設計のための新しい concept を思いついた。

application
{ æplɪkéɪʃən / アプリケイシャン }

- To apply for this position, you must send in an application.
- この職に応募するためには，application を提出しなければなりません。

名 同僚

- ☑ *coworker, peer*

こたえ: 同僚たち

> **すごいコツ**: co-という接頭辞は「共同」を意味します。「共同でリーグをくんで働くひと」とおぼえておくといいですね。

名 備品

- ☑ 動 *equip*（備える）
- ☑ *laboratory equipment*（実験設備）

こたえ: 備品

> **すごいコツ**: a new piece of equipmentのように、不可算名詞としてa piece ofやtwo pieces ofなどの表現を用いて数えられます。

名 概念

- ☑ *conception, idea*

こたえ: 概念

> **すごいコツ**: ideaよりも抽象的な考えを表す場合に用いられる単語です。

名 申し込み

- ☑ 名 *applicant*（応募者）

こたえ: 申し込み書

> **すごいコツ**: make (an) application for admission to a schoolのように表現すると「学校へ入学を志願する」という意味を表すことができます。

productivity
[pròudʌktívəti]
プラダク**ティビティ**

- Computerization increases productivity.
- コンピューター化は productivity を高める。

save
[séɪv]
セイヴ

- I find it hard to save money these days.
- 最近お金を save するのが難しいと思う。

consultant
[kənsʌ́ltənt]
カン**サ**ルタント

- My financial consultant advised me to invest in a mutual fund.
- 財政 consultant はミューチュアルファンドに投資するよう私に助言した。

influence
[ínfluəns]
インフルアンス

- The manager has a lot of influence when the boss makes decisions.
- 上司が決定を下すとき，経営者は多くの influence を及ぼす。

名 生産力

- ☑ 形 *productive*（生産的な）

こたえ: 生産性

> **すごいコツ** -ityは形容詞について、「状態」や「性質」を表す名詞を作る接尾辞です。

動 節約する

こたえ: 節約

> **すごいコツ** saveには「救う」「保存する」「蓄える」などの意味もあります。

名 顧問

- ☑ 名 *consult*（相談する）

こたえ: 顧問

> **すごいコツ** -antという接尾辞は「人」を表す場合に用いられます。「相談する人」ということです。

名 影響

- ☑ 形 *influential*（有力な）
- ☑ *affect*

こたえ: 影響

> **すごいコツ** influenzaがこの単語と似ているのは、流行病が星の「影響」から起こったというかつての迷信に由来します。

accommodation
[əkàmədéɪʃən / アカマデイシャン]

- The boss needs accommodations for two nights during his trip.
- 上司は出張中の2晩の accommodations を必要としている。

memorandum
[mèmərændəm / メモランダム]

- The boss asked his secretary to draft a memorandum.
- 上司は秘書に memorandum を下書きするよう頼んだ。

signature
[sígnətʃə / シグナチャー]

- Your signature is required on the line at the bottom of the document.
- 書類の一番下の行にあなたの signature が必要です。

maintenance
[méɪntənəns / メインタナンス]

- Call maintenance and ask them to fix the pipes.
- maintenance を呼んでパイプを修理するよう頼みなさい。

名 宿泊設備

☑ 動 *accommodate*
（〜の収容能力を持つ）

こたえ：宿

> **すごいコツ**：-tionという接尾辞は名詞を作ります。accommodateという動詞に-tionが付きました。

名 メモ書き

☑ 名 *memory*（記憶）

こたえ：メモ書き

> **すごいコツ**：日本語同様、略してmemoとも言う。「社内連絡」の意味でもよく使われます。

名 署名

☑ 動 *sign*（署名する）

こたえ：署名

> **すごいコツ**：欧米では印鑑ではなく、個人認証には署名を用いるのが一般的です。

名 整備

☑ 動 *maintain*
（維持する，主張する）

こたえ：整備

> **すごいコツ**：日本語では「メンテ」と言いますが、英語の発音は「メインタナンス」なので注意しましょう。

debate

[dɪbéɪt]
ディベイト

- The two candidates had a debate on the economy.
- その2人の候補者は経済に関して debate した。

defective device

- We will refund your money for a defective device.
- defective device に対しては代金をお返しします。

full refund

- You can return defective merchandise for a full refund.
- 欠陥のある商品は，full refund を受けて返品することができます。

panel discussion

- The candidates held a panel discussion on the economy.
- 候補者たちは経済について panel discussion を行った。

名 討論

☑ *presidential debate*
（大統領候補討論会）

こたえ：討論

> **すごいコツ** アメリカでは学校でもdebateの授業が行われ、討論する技術が子供時代から鍛えられます。

名 欠陥のある機械

☑ 名 *defect*（欠陥）

こたえ：欠陥のある機械

> **すごいコツ** defect（欠陥）という名詞に、形容詞を作る語尾-iveがついてできた単語です。deviceは「機械装置」という意味です。

名 完全な払い戻し

☑ *refund*（払い戻し）

こたえ：完全な払い戻し

> **すごいコツ** total refundとも言うことができます。また、「部分的な払い戻し」partial refundと言います。

名 公開討論会

☑ 名 *panelist*（討論）参加者

こたえ：公開討論会

> **すごいコツ** ここでのpanelは「委員会」を意味しています。クイズなどの回答者のことを「パネリスト（panelist）」といいますね。

weather report

- ▶ Here is today's weather report.
- ▶ ここに今日の weather report があります。

affordable price

- ▶ We offer this product at an affordable price.
- ▶ この製品は affordable price でご提供します。

brand-new product

- ▶ Sales of the brand-new product were slow.
- ▶ brand-new product の売り上げは鈍かった。

bachelor's degree

- ▶ Sarah has a bachelor's degree in Psychology.
- ▶ サラは心理学の bachelor's degree を持っている。

名 天気予報

- *the weather report says that ~*
  (天気予報によれば~)

こたえ：天気予報

すごいコツ：weather forecastの別の言い方です。こちらの方がカタカナ語にもなっているので簡単ですね。

名 適正な価格

- *can afford to do ~*
  (~する(金銭的な)余裕がある)

こたえ：適正な価格

すごいコツ：affordは「余裕がある」という意味の動詞ですが、「~できる」という意味の接尾辞-ableと結びつき、affordableとなりました。

名 最新の製品

- *brand-new baby*
  (生まれたばかりの赤ん坊)

こたえ：最新の製品

すごいコツ：brand-newは「真新しい」という意味の形容詞です。newよりも強い単語です。

名 学士号

- *master's degree*（修士号）
  doctor's degree（博士号）

こたえ：学士号

すごいコツ：degreeという名詞には他に「程度」という意味があります。

pay raise

- ▶ Jenny finally got a pay raise.
- ▶ ジェニーはついに pay raise を得た。

bulletin board

- ▶ Every employee should read the bulletin board before starting work.
- ▶ 始業前に社員は全員 bulletin board を読んでください。

office supply store

- ▶ Please buy more copy paper at the office supply store.
- ▶ office supply store でもっとコピー紙を買ってください。

business contract

- ▶ The president asked his lawyer to draw up a business contract.
- ▶ 社長は business contract を作成するよう弁護士に頼んだ。

名 昇給

こたえ 昇給

すごいコツ payは「賃金」、raiseは「賃金を上げること」です。raiseは動詞としても用い、raise tax（税金を引き上げる）のように使います。

名 掲示板

☑ *news bulletin*（ニュース速報）

こたえ 掲示板

すごいコツ ネット用語のBBSはBulletin Board Serviceの略語です。

名 事務用品店

☑ *office supplies*（事務用品）

こたえ 事務用品店

すごいコツ supplyは「供給」という意味に加えて、「必需品」という意味でも用いられることがあります。

名 業務上の契約

☑ *conclude a business contract*
（業務上の契約を締結する）

こたえ 業務上の契約

すごいコツ contractは「契約」という意味の名詞です。contract killerはゴルゴ13のような「殺人請負人です」

intensive training

- ▶ The employees underwent intensive training.
- ▶ 従業員たちは intensive training を受けた。

down payment

- ▶ How much was the down payment on the housing loan?
- ▶ 住宅ローンの down payment はいくらでしたか。

fire department

- ▶ Someone from the fire department will come by and check the fire alarms today.
- ▶ fire department の人が今日立ち寄って火災報知器を検査します。

human resources

- ▶ The human resources department will conduct employee training today.
- ▶ human resources 部は今日社員研修を行います。

名 集中的な訓練

☑ *intensive agriculture*（集約農業）

こたえ：集中的な訓練

> **すごいコツ** intensiveは「集中的な」という意味の形容詞です。trainingのもととなっているtrainという動詞は「訓練する」という意味です。

名 頭金

☑ *make a down payment on ~*
（~の頭金を払う）

こたえ：頭金

> **すごいコツ** 住宅ローンなどの分割払いで、最初に納めるお金のことです。

名 消防署

こたえ：消防署

> **すごいコツ** departmentは「部局」を意味します。「消防車」はa fire engine、「消防士」はa firefighterといいます。

名 人材

☑ *resource*（資源）

こたえ：人材

> **すごいコツ** 「人事（部）」はしばしばHRと略記することがあります。natural resourcesというと「天然資源」という意味です。

頭に効く！すごい「テスト」⑤
「会議で闘う」英単語

A

俺！ おれ！ オレ！ おれ！ 俺！
リーダー リーダー

A〜Cの
イラストと同じ
英単語を探せ！

「ああ言えば、こう言う」を英語で言うと？

B

会議の成否は「この人」で決まります

C

リーダー

「ある人をリーダーにする」ことを何と言う？

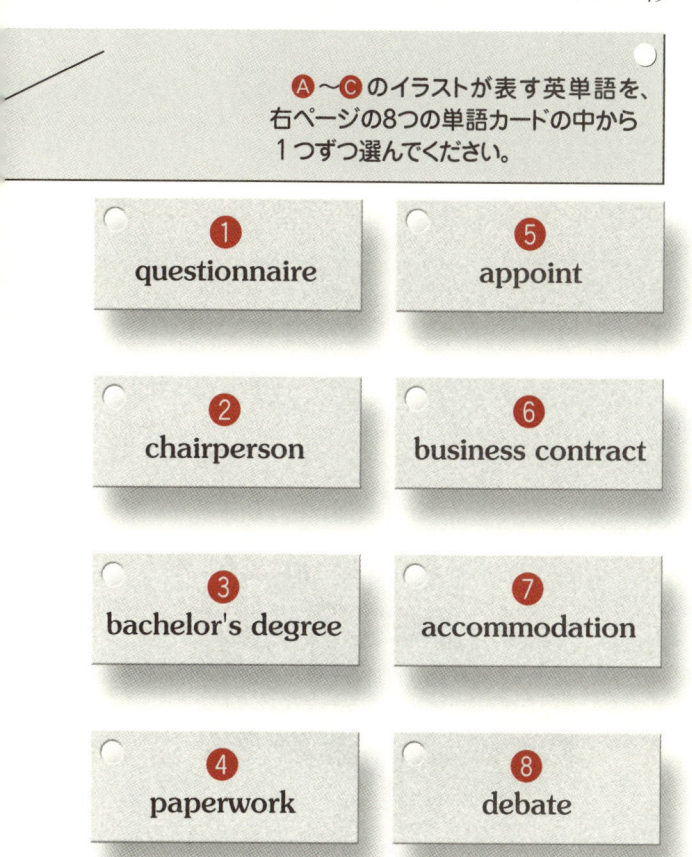

「年収に直結する英単語がある」って本当？ 145

Ⓐ～Ⓒのイラストが表す英単語を、右ページの8つの単語カードの中から1つずつ選んでください。

① questionnaire

② chairperson

③ bachelor's degree

④ paperwork

⑤ appoint

⑥ business contract

⑦ accommodation

⑧ debate

こたえ Ⓐ＝❽debate, Ⓑ＝❷chairperson, Ⓒ＝❺appoint

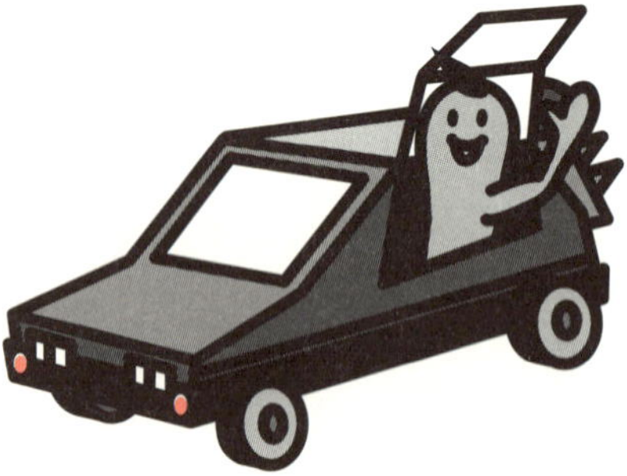

ONE WAY

6章
「英語って意外におもしろい！」を実感する一語

すごい「英単語」勉強法 ❺
「メイク・アップ」でなく「メイカップ」

英語の例文を読むのが上手になればなるほど、単語の暗記もはかどり、英語の勉強が楽しくなるのは間違いありません。

ここでは、皆さんの英語をそれっぽく響かせるコツを勉強しましょう。

さて、まず次の英文を読んでみてください。

We have to make up for the lost time.
(私たちは失った時間の埋め合わせをしなければならない)

さてこの文を読むときの重要なポイントは make up の部分です。make の語尾の[k]という子音と up の語頭の[ʌ]と母音はつながってしまい、[meikʌp] という一つの単語のように聞こえてしまうのです。

このような語尾の「子音」と語頭の「母音」をくっつけずに空けて読んでしまうと、どうしても

それっぽい英語に聞こえません。**「メイク・アップ」ではなく「メイカップ」とうまくつなげて発音する練習をしましょう。**

　母音で始まる単語に冠詞を付ける場合に、a ではなく an が用いられるのも、このことと関係しています。

　×a apple ×だと、「ア」という母音が連続して読みにくいため、nという子音を挟んで、○an apple○とすれば、「アナップル」ときれいに二つの単語が結びつくのです。

　×a SOS sign ×という表現は、紙の上で見ると正しいようにも見えますが、読んでみると、「ア・エスオウエス」ではうまくつながりません。

このような場合にも文字とは関係なく、読み方に従ってan が使われ、○an SOS sign○となるわけです。

　こうすると読んだときに、「アネスオウエス」冠詞と名詞がつなげやすいわけです。

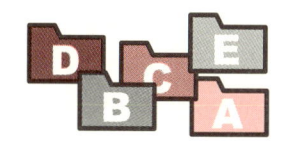

research
[rɪsə́ːtʃ]
リサーチ

- ▶ More research is needed before we put the new sports drink out on the market.
- ▶ その新しいスポーツドリンクを市場に出す前に，より多くの research が必要だ。

label
[léɪbl]
レイブル

- ▶ Check the label before washing the garment.
- ▶ その衣類を洗濯する前に label を確認しなさい。

analyst
[ǽnlɪst]
アナリスト

- ▶ Financial analysts speculate that the firm will claim bankruptcy.
- ▶ 金融 analysts たちは，その会社が破産を宣言するだろうと推測している。

manufacturer
[mæ̀njəfǽktʃərə]
マニャファクチャラ

- ▶ Please order several more cases of the item from the manufacturer.
- ▶ manufacturer にその品をさらに数ケース注文してください。

名 研究

☑ *do[carry out] research* (研究を行う)

こたえ: 研究

> **すごいコツ**: よく耳にするR & Dとはresearch and developmentの略語で「研究開発」のことを意味します。

名 ラベル

☑ *stick a label on ~*
（~にラベルを貼る）

こたえ: ラベル

> **すごいコツ**: カタカナ語の「ラベル」ではなく「レイブル」のように発音されるので注意しましょう。

名 分析者

☑ *a political analyst* (政治評論家)

こたえ: アナリスト

> **すごいコツ**: 「金融アナリスト」のアナリストは実はこの単語です。「市場を分析する人」という意味です。

名 製造業者

☑ 動 *manufacture* (製造する)

こたえ: 製造業者

> **すごいコツ**: manuは「手」を表しています。「手で作る」→「製造する」という意味のmanufactureに、人を表す-erがくっついてできた単語です。

author
{ ɔ́:θə / オーサー }

- ▶ The famous author signed his books at the bookstore.
- ▶ その有名な author は書店で自分の本にサインをした。

relation
{ rɪléɪʃən / リレイシャン }

- ▶ There's no relation between the restaurant and the cafe.
- ▶ そのレストランとそのカフェとの間には何の relation もない。

argument
{ ɑ́əgjəmənt / アーギュマント }

- ▶ The two parties will have to settle the argument in court.
- ▶ 当事者双方は法廷で argument に決着をつけねばならないだろう。

celebration
{ sèləbréɪʃən / セラブレイシャン }

- ▶ Our company is having its huge anniversary celebration tonight.
- ▶ 当社は今夜, 盛大な創立記念 celebration を開きます。

名 著者

- 名 *authorship*（原作者，著述業）

こたえ： 著者

> **すごいコツ**　発音に注意しましょう。auは「アー」ではなく「オー」です。

名 関係

- 名 *relationship*（関係）
- 動 *relate*（関連づける）

こたえ： 関係

> **すごいコツ**　relationshipの方は主に「人間同士の関係」に関して用いられます。

名 議論

- 動 *argue*（議論する）

こたえ： 議論

> **すごいコツ**　普通は論理的な議論を表しますが、アメリカ口語では「口げんか」の意味で用いられることもあります。

名 祝賀会

- 動 *celebrate*（祝う）

こたえ： 祝賀会

> **すごいコツ**　「祝賀会を開く」という場合はholdという動詞を使ってhold a celebrationと表現します。

malfunction

[mǽlfʌ́ŋkʃn / マルファンクシャン]

- ▶ Please report any machine malfunction to the supervisor.
- ▶ どんな機械の malfunction も上司に報告してください。

update

[ʌ́pdèɪt / アップデイト]

- ▶ Are there any new updates?
- ▶ 何か新しい updates がありますか。

division

[dəvíʒən / ディヴィジャン]

- ▶ Ms. Peterson is in the sales division.
- ▶ ピーターソンさんは営業 division に所属しています。

budget

[bʌ́dʒət / バジェット]

- ▶ Mr. Foreman wants to go over the budget with us today.
- ▶ フォアマン氏は今日我々と一緒に budget を詳しく調べたいと思っている。

名 故障

- 名 *function*（機能）

こたえ：故障

> **すごいコツ** mal-は「悪い」という意味の接頭辞です。functionは「機能」という意味なので「悪い機能」→「故障」となるのです。

名 最新情報

- *make an update*
  （最新のものに（更新）する）

こたえ：最新情報

> **すごいコツ** この単語はもともとはup-to-dateという単語から生まれたそうです。こちらは「最新の」という意味の形容詞です。

動 課

- 大学の学部やスポーツの階級なども *division* と言う。

こたえ：課

> **すごいコツ** de-やdi-は「分離」を表す接頭辞です。「課」は他の「課」と分離して分かれた存在ですね。

名 予算

- *family budget*（家計）

こたえ：予算

> **すごいコツ** budgetレンタカーは有名ですが、予算内で借りられるという安さをアピールしているのですね。

average
{ ǽvərɪdʒ / アヴェリッジ }

- ▶ How many sales do you make on average?
- ▶ average いくつの売り上げがありますか。

policy
{ pɑ́ləsi / パラシー }

- ▶ What is the company's policy regarding casual clothing?
- ▶ 略装に関する会社の policy は何ですか。

cooperate
{ kouɑ́pərèɪt / コウアパレイト }

- ▶ The two nations decided to cooperate to try and stop poverty.
- ▶ 両国は貧困を食い止めるために cooperate することを決断した。

noise
{ nɔ́ɪz / ノイズ }

- ▶ My computer is making a strange noise.
- ▶ 私のコンピューターは変な noise を立てている。

名 平均

- ☑ *on (the) average* (平均して)

こたえ: 平均

> **すごいコツ**
> カタカナ語では「アベレージ」といいますが、英語では「アヴァリィッジ」のように発音します。

名 方針

こたえ: 方針

> **すごいコツ**
> 「政策」という意味もあります。よく似た語にpoliticsがあり、こちらは「政治」という意味です。

動 協力する

- ☑ 名 *cooperation* (協力)
- 形 *cooperative* (協調的な)

こたえ: 協力

> **すごいコツ**
> co-は共同を表します。これはoperate(活動する)という単語とくっついて「共同で活動する」→「協力する」となったわけです。

名 騒音

- ☑ 形 *noisy* (騒がしい)

こたえ: 音

> **すごいコツ**
> 「音を立てる」といいたい場合は、makeという動詞を用いてmake a noiseと表現します。

practical

[præktɪkl / プラクティカル]

- My boss always makes the most practical decisions.
- 私の上司は常に最も practical 決断を下す。

employee

[emplɔ́ii: / エムプロイ]

- I've been an employee at this company for over 10 years.
- 私は10年以上この会社の employee である。

subway

[sʌ́bwèɪ / サブウェイ]

- I took the subway to work today.
- 私は今日は subway に乗って仕事に行った。

routine

[ru:tí:n / ルーティーン]

- I have a daily routine from Monday to Friday.
- 私は月曜日から金曜日まで routine がある。

形 実用的な

- ☑ 形 *impractical*（実用的でない）

こたえ 実用的な

> **すごいコツ** practiceは「実践」という意味ですが、これが形容詞を作る語尾の -alと結びついたものです。

名 従業員

- ☑ 名 *employer*（雇用主）

こたえ 従業員

> **すごいコツ** -eeという接尾辞は「……される人」という意味です。employ（雇う）ことをされる人と考えることができます。

名 地下鉄

- ☑ ロンドンの地下鉄は *the tube*。米国では *the tube* は「テレビ」の意味でも使う。

こたえ 地下鉄

> **すごいコツ** sub-という接頭辞は「下」を表します。「下を走る道」なのだから「地下鉄」だとわかります。

名 決まりきった仕事

- ☑ 副 *routinely*（決まって）

こたえ 日課

> **すごいコツ** 日本語では「ルーチン」という全然違った響きのカタカナ語になっています。

executive
{ ɪgzékjətɪv / イグゼキャティヴ }

- I'm looking for a position as an executive.
- 私は executive としての職を探している。

flight
{ fláɪt / フライト }

- Our flight has been delayed.
- 我々の flight は遅れている。

environment
{ ɪnváɪərənmənt / エンヴァイラマント }

- We must do more to save the environment.
- 我々は environment を守るためにもっと多くのことをしなければならない。

accessible
{ æksésəbl / アクセサブル }

- We need to make the entrance accessible to people in wheelchairs.
- 車いすの人々が accessible 入り口を作る必要がある。

名 重役

- *executive director*（執行役員）

こたえ: 重役

> **すごいコツ**　よく耳にするCEOとは、a chief executive officer「最高経営責任者」の略語です。

名 飛行便

- 「逃走，逃亡」の意味もある。

こたえ: 飛行便

> **すごいコツ**　frightだと「恐怖」という意味になります。flightと発音する際には舌を上の裏歯茎に付けて発音しましょう。

名 環境

- 形 *environmental*（環境の）
- *environmental problems*（環境問題）

こたえ: 環境

> **すごいコツ**　発音に要注意です。「エンビロンメント」とそのまま読まないように注意しましょう。

形 利用できる

- *have easy access to ~*
  （~が容易に手に入る）

こたえ: 利用できる

> **すごいコツ**　access（利用）という名詞に、「……できる」という意味の接尾辞-ibleがくっついてできた単語です。

destination

{dèstnéɪʃn / ディスティネイシャン}

- We will reach our destination in about two hours.
- 我々は約2時間で destination に着くでしょう。

positive result

- The test on the medicine had a positive result.
- その薬の検査は positive result だった。

research institute

- The research institute has released new data about the solar system.
- その research institute は，太陽熱利用システムに関する新たなデータを公表した。

vending machine

- Most of the drinks in the vending machine are sold out.
- その vending machine のドリンクの大部分は売り切れている。

名 目的地

こたえ: 目的地

すごいコツ: destine(運命づける)という動詞から生まれた単語です。「行き先として運命づけられた地」だから「目的地」になるのですね。

名 良い結果

☑ *negative result* (悪い結果)

こたえ: 良い結果

すごいコツ: positiveは「肯定的な」つまり「よい」ということです。この反対に当たるのがnegative(否定的な)です。

名 調査機関

☑ *work at a marine research institute*
(海洋研究所に勤務する)

こたえ: 研究機関

すごいコツ: instituteは「主に学術的な研究機関」のことをいいます。

名 自動販売機

☑ *vendor*

こたえ: 自動販売機

すごいコツ: vendは「売る」という意味の動詞です。street venderだと「街頭の物売り」という意味になります。

trial run

- The trial run on the software was a success.
- そのソフトの trial run は成功だった。

government agency

- Be sure to take the document to the proper government agency.
- その文書を適切な government agency へ必ず持って行きなさい。

personnel department

- Daniel changed his position and now works in the personnel department.
- ダニエルは職責を変えて，現在は personnel department で働いている。

garment store

- My father runs a garment store downtown.
- 父は繁華街で garment store を経営しています。

名 試運転

- ☑ *make a trial run*（試運転を行う）
- ☑ 動 *try*（試みる）

こたえ 試運転

> **すごいコツ** trialはtry（挑戦する）という動詞の名詞形です。ここでのrunは「運転」という名詞として使われています。

名 政府機関

- ☑ *a travel agency*（旅行代理店）

こたえ 政府機関

> **すごいコツ** governmentは「政府」という意味ですが、この単語はgovern（統治する）という動詞の名詞形です。

名 人事部門

- ☑ 「人事部」は*human resources department*とも言う。

こたえ 人事部門

> **すごいコツ** personnel（人事）とpersonal[pə́ːrsənl]（個人の）と混同しないように注意しましょう。アクセントの位置も全然違います。

名 洋品店

こたえ 洋品店

> **すごいコツ** garmentは普通1点の衣類を表します。衣類全般はclothingと表現します。

board of directors

- ▶ Chad is the newest member of the board of directors.
- ▶ チャドは board of directors の最も新しいメンバーだ。

health care

- ▶ Our company offers its workers benefits for health care.
- ▶ 当社は社員に health care のための給付金を支給します。

regional manager

- ▶ Bill is the western regional manager of sales.
- ▶ ビルは販売の西 regional manager だ。

balance due

- ▶ Please pay the balance due by September 1.
- ▶ balance due を9月1日までに支払ってください。

名 取締役会

☑ *managing director*（専務取締役）

こたえ: 取締役会

> **すごいコツ**: boardは「板」という意味がおなじみですが、この表現のように「会議」「委員会」という意味でも使われます。

名 健康管理

☑ *health care for the aged*
（老人の健康管理）

こたえ: 健康管理

> **すごいコツ**: healthは「健康」、careは「世話」「注意」という意味です。

名 地域管理者

☑ *general manager*（総支配人）

こたえ: 地区の管理者

> **すごいコツ**: regionalはregion（地域）という名詞に、形容詞を作る語尾の-alがついたものです。

名 不足額

こたえ: 不足額

> **すごいコツ**: 形容詞のdueには「支払い期日がきた、借りている、到着する予定で」などの意味があります。balanceは「残高」という意味です。

night shift

- ▶ Raul will work the night shift tomorrow night and Wednesday night.
- ▶ ラウルは明日の夜と水曜日の夜は night shift で勤務します。

contract talks

- ▶ The two sides met for contract talks.
- ▶ 両者は contract talks のために会合した。

customer satisfaction

- ▶ We pride ourselves on our customer satisfaction.
- ▶ 私たちは customer satisfaction を誇りに思っている。

walking distance

- ▶ My house is within walking distance of the office.
- ▶ 私の家は仕事場へ walking distance にある。

名 夜勤

☑ *shift* は「交代勤務」の意味。

こたえ: 夜勤

すごいコツ: shiftは「変わる」という動詞として用いる単語ですが、この表現中では「交代勤務」という名詞として用いられています。

名 契約交渉

☑ *peace talks*（和平交渉）

こたえ: 契約交渉

すごいコツ: talkは動詞だと話すという意味になりますが、このように名詞で用いられると「交渉」のような意味になります。

名 顧客満足度

☑ 動 *satisfy*（満足させる）

こたえ: 顧客満足度

すごいコツ: customerは「顧客」、satisfactionは「満足」という味です。customer's satisfaction, CSともいいます。

名 歩ける距離

☑ *driving[running] distance*
（車で［走って］行ける距離）

こたえ: 歩いて行ける距離

すごいコツ: within（〜以内に）という前置詞と共によく使われ、within walking distanceで「歩いていける範囲内に」という意味になります。

頭に効く！すごい「テスト」⑥
「歓送迎会に役立つ」英単語

A〜Cのイラストと同じ英単語を探せ！

A 新人

「歓迎会の主役」と言えば、この人

B BEER

お金を入れると「飲み物」が出る？

C

「相手の活躍・成功を祈る」ことを何と言う？

「英語って意外におもしろい！」を実感する一語 171

❹〜❻のイラストが表す英単語を、
右ページの8つの単語カードの中から
1つずつ選んでください。

❶ **division**

❷ **vending machine**

❸ **executive**

❹ **routine**

❺ **employee**

❻ **personnel department**

❼ **night shift**

❽ **celebration**

こたえ ❹＝❺employee, ❺＝❷vending machine, ❻＝❽celebration

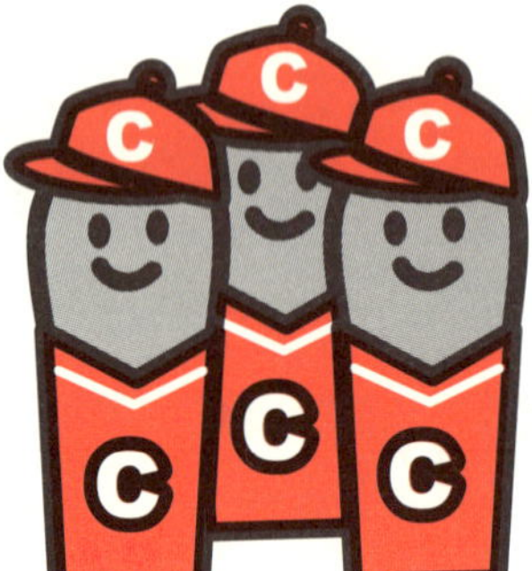

ONE WAY

7章

この20ページで、あなたの頭もラクラク「英語頭」

すごい「英単語」勉強法 ❼

すごい「英単語」──「日本人の英語」力

例文を読むときの「単語と単語のつなげ方」の練習をしてみましょう。

まず、次の英文を読んでみてください。

Please get out and wait outside.
(退出して、外で待ってください。)

さて、ポイントは get out という熟語の読み方です。

make up や an apple と同じで、これは一つの意味の固まりなので、単語ごとに分けて読まずにくっつけて読みます。ただ、get out のように、子音の[t]と、次の単語の母音[o]がくっつく場合は、音に変化が起こります。

ただくっつくだけなら、「ゲッタウト」のようになるはずですが、[t]という子音の場合は、後ろの母音とくっつくと[r]のような音になってしまいます。

つまり、「ゲッラウト」のようなつながり方をするわけです。

以下の表現でも練習してみましょう。

Get into the meeting room.
（会議室に入りなさい。）
Please get it from the manager.
（どうぞ課長からそれをもらってください。）
I got an invitation to the party.
（私はパーティーへの招待状をもらいました。）

それぞれの表現ではやはり get の[t]が[r]のような音に変化して、「ゲリントゥ」「ゲリッ」「ガラニンヴィテイシャン」のようになります。

このような単語のつながりがスムーズになってくると、皆さんの音読は、ずっとずっと英語らしく響くようになるはずです。

また言語というのは、おもしろいことに、**「発音できない音は聞き取れない」という法則**があります。つまり、「ゲットアウト→ゲッラウト」の法則をマスターすれば、リスニングでもこのような表現がよく聞こえるようになってきますよ。

opinion

[əpínjən / アピニアン]

- What's your opinion about the new plan?
- 新しい計画についてのあなたの opinion はどうですか。

valid

[vælɪd / ヴァリッド]

- That pass is no longer valid.
- あの通行証はもう valid ではない。

delivery

[dɪlívəri / ディリヴァリ]

- When can we expect delivery?
- いつ delivery してもらえますか。

promotion

[prəmóuʃən / プラモウシャン]

- I heard that Elizabeth is up for a promotion.
- エリザベスは promotion の候補に上がっていると聞いた。

名 意見

☑ opinion poll（世論調査）

こたえ 意見

> **すごいコツ** public opinionで「世論」という意味になります。「世論調査」はpublic opinion pollといいます。

形 有効な

☑ 形 invalid（無効の）
　動 validate（認可する）

こたえ 有効

> **すごいコツ** 「正当な」という意味でも用いることができます。a valid reasonで「正当な理由」という意味になります。

名 配達

☑ 動 deliver（配達する）

こたえ 配達

> **すごいコツ** 「ピザデリバリー」などのカタカナ語でもおなじみの単語ですね。

名 昇進

こたえ 昇進

部長
次長
課長
係長

> **すごいコツ** この単語には「普及促進」という意味もあります。カタカナ語の「プロモーション」はこちらの意味です。

applicant

[ǽplɪkənt]
アプリカント

- ▶ Please call the applicant in for an interview.
- ▶ applicant を面接するので部屋に入れてください。

postpone

[poustpóun]
ポウストポウン

- ▶ The meeting is postponed till Wednesday.
- ▶ 会議は水曜日まで postponed された。

contractor

[kántræktə]
カントラクタ

- ▶ Let's hire a contractor to do the remodeling work.
- ▶ 改装作業を行うために contractor を雇おう。

shareholder

[ʃéəhòuldə]
シェアホウルダ

- ▶ The shareholders will vote at the meeting today.
- ▶ shareholder たちは今日の会議で採決を行う。

名 応募者

- *apply for ~*（~に応募する）
  application ~（応募）

> **すごいコツ**: -antという接尾辞は「人」を表す場合に用いられますが、これがapply（応募する）という動詞と結びついたわけです。

こたえ: 応募者

動 延期する

- *put off*

> **すごいコツ**: post-は「後」を表す接頭辞です。この反対に当たる接頭辞はpre-になります。

こたえ: 延期

名 建設業者

- *general contractor*（一般請負業者）

> **すごいコツ**: contractorは「請負人[業者]」の意味ですが、「建設[土建]業者」の意味でも用いられます。

こたえ: 建設業者

名 株主

- *general meeting of shareholders*
  （株主総会）

> **すごいコツ**: shareはもともと「分け前」という意味ですが、株は経営権の分け前なので、やはりshareと呼ばれるのです。

こたえ: 株主

experience

【ɪkspíəriəns】
イクスペアリアンス

- He has five years experience as a web designer.
- 彼はウェブデザイナーとして5年の experience を持っている。

legislation

【lèdʒɪsléɪʃən】
レジストレイシャン

- Congress passed legislation to protect the wildlife.
- 議会は野生動物を守る legislation を通過させた。

agenda

【ədʒéndə】
アジェンダ

- What's on the agenda for today?
- 今日の agenda は何ですか。

belongings

【bɪlɔ́:ŋɪŋz】
ビロンギンズ

- Be sure to keep your belongings near you at all times when in the airport.
- 空港にいるときは必ず belongings を常に身近に置いておきなさい。

名 経験

- 形 *experienced*（経験を積んだ）
- 形 *inexperienced*（経験の浅い）

こたえ：経験

> **すごいコツ**
> Experience is the best teacher. ということわざがあります。まさにそのとおりですね。

名 法律

- 動 *legislate*（法律を制定する）

こたえ：法律

> **すごいコツ**
> この単語には、「立法」「法律制定」という意味もあります。the power of legislationというと「立法権」という意味です。

名 議題

- *an item on the agenda*
  （議題の1項目）

こたえ：議題

> **すごいコツ**
> Agenda 21、Agenda 2001のように、会議で採択された行動計画を示す場合にもよく使われる単語です。

名 所有物

- *belong to ~*
  （～に所属する，～のものである）

こたえ：所有物

> **すごいコツ**
> belongが「所属する」という意味の動詞だと知っていればすぐに連想することができます。

banquet
[bǽŋkwət / バンクワット]

- It's not a formal banquet, so you don't need to wear a suit.
- 公式の banquet ではないので，スーツを着る必要はありません。

delay
[dɪléɪ / ディレイ]

- There has been a delay in the shipment of your order.
- ご注文の発送が delay されています。

payroll
[péɪròul / ペイロウル]

- How many people are on the payroll for this job?
- この仕事の payroll には何人載っていますか。

accounting
[əkáuntɪŋ / アカウンティン]

- Please take this document over to the accounting department.
- この書類を accounting 部まで持って行ってください。

名 宴会

- *wedding banquet*（結婚披露宴）

こたえ: 宴会

すごいコツ: 通常、結婚披露宴のようなスピーチや乾杯を伴う豪華な祝宴のことをいいます。

動 遅らせる

- *without delay*（遅滞なく）

こたえ: 遅らされて

すごいコツ: put offという熟語でも表現することができます。また名詞として「遅れ」という意味で用いられることもあります。

名 給料支払い簿

- *be on the regular payroll*（正社員である）

こたえ: 給料支払い簿

すごいコツ: be off the payroll という熟語は「失業している」という意味です。offは分離を表す前置詞です。

名 経理

- *the accounting section*（会計課）

こたえ: 経理

すごいコツ: accountが「会計」という意味だということを知っていれば、連想しやすい単語ですね。

customize
{ kʌ́stəmàɪz / カスタマイズ }

- These computers are customized to fit our needs.
- これらのコンピューターは私たちのニーズに合うように customize されています。

fix
{ fíks / フィクス }

- The systems engineer will fix the network problem.
- システムエンジニアがネットワークの問題を fix だろう。

superior
{ supíərɪə / スピアリア }

- If you have any questions, please contact your superior.
- 質問があれば，superior に連絡してください。

air-conditioning
{ éəkəndíʃənɪŋ / エアカンディショニン }

- We need to install new air-conditioning units in our company.
- わが社には新しい air-conditioning 設備を設置する必要がある。

動 注文に応じて作る

こたえ: カスタマイズ

すごいコツ: コンピューター用語で「カスタマイズする（使いやすいように各人が操作性を変更する）」という意味もあります。

動 直す

- [x] *repair, mend*

こたえ: 直す

すごいコツ: 「固定する」「据える」という意味もあり、こちらの意味でもよく使われる単語です。

名 上司

- [x] *inferior*（部下、目下のもの）

こたえ: 上司

すごいコツ: 形容詞として使われた場合は「優れた」という意味になります。反対語のinferiorも「劣った」という意味の形容詞として使われます。

名 空気調節

- [x] 名 *air-conditioner*（エアコン）

こたえ: 空気調節

すごいコツ: 日本語では「エアコン」と略しますが、英語ではACと略します。conditionは「調節する」という意味です。

mortgage

{ mˈɔːɡɪdʒ / モアギッジ }

- ▶ My mortgage payments are quite high.
- ▶ mortgage の支払いは非常に高い。

itinerary

{ aɪtínərèəri / アイティナレアリ }

- ▶ Please send me the itinerary for the business trip.
- ▶ 出張の itinerary を私に送ってください。

undertake

{ ʌ̀ndətéɪk / アンダテイク }

- ▶ The boss asked me to undertake an almost impossible task.
- ▶ 上司は私にほとんど不可能な仕事を undertake よう頼んだ。

compensation

{ kɑ̀mpnséɪʃən / カンペンセイシャン }

- ▶ The government decided to provide compensation for victims of the crime.
- ▶ 政府は犯罪被害者たちに compensation を与えることを決定した。

名 住宅ローン

こたえ 住宅ローン

すごいコツ もともとこの単語は「抵当」という意味で、「抵当(に入れる)」という動詞としても用いられます。

名 旅程表

☑ *draw up an itinerary*
（旅程表を作成する）

こたえ 旅程表

すごいコツ 出張の際にエージェントからもらう、トラベルプランのようなもののことをいいます。

動 引き受ける

☑ *undertake a task*（仕事を引き受ける）

こたえ 引き受ける

すごいコツ undertakerは「葬儀屋(mortician)」の意味としても使われます。

名 賠償

☑ 動 *compensate*（償う）

こたえ 補償

すごいコツ 「報酬」という意味で用いられることもあります。

session

{ séʃən / セッシャン }

- We'll have a Q&A session after the seminar.
- セミナーの後で質疑応答の session を持ちます。

electricity bill

- My electricity bill is always higher during the summer.
- 私の electricity bill は夏の間はいつも普段より高い。

savings account

- I deposited money into my savings account today.
- 私は今日 savings account にお金を預金した。

traffic jam

- I was caught in a traffic jam on the way to work this morning.
- 私はけさ出勤の途中で traffic jam に巻き込まれた。

名 会期

☑ *in session*（開会中である）
out of session（閉会中である）

こたえ: 会

> **すごいコツ**: be in sessionという表現で会などが「開催中である」という意味を表すことができます。

名 電気代の請求書

こたえ: 電気代の請求書

> **すごいコツ**: billは「請求書」のことです。電気・ガス・水道などの公共料金は、まとめてutilitiesとも言います。

名 普通預金

☑ *save*（貯える）
account（銀行口座）

こたえ: 普通預金

> **すごいコツ**: 「当座預金」はa checking accountといいます。また、「定期預金」はa term[time, fixed] depositといいます。

名 渋滞

☑ *traffic congestion*

こたえ: 交通渋滞

> **すごいコツ**: trafficは「交通」、jamは「ぎゅうぎゅう詰めの状態」をいいます。jamは「ぎゅうぎゅうに詰める」という動詞としても用いることができます。

automatic withdrawal

- I pay my bills by automatic withdrawal from my savings account.
- 私は自分の預金口座から automatic withdrawal で勘定を支払います。

childcare facility

- I work in a modern office with a childcare facility.
- 私は childcare facility のある近代的な職場で働いている。

financial advice

- I rely on Mark for financial advice.
- 私はマークに financial advice を頼っている。

health checkup

- I get a health checkup every year.
- 私は毎年 health checkup を受けます。

名 自動引き落とし

- ☑ 動 *withdraw*（引き出す）
- ☑ *withdraw money from a bank*（銀行から預金を引き出す）

こたえ：自動引き落とし

> **すごいコツ**　withdrawは「預金をおろす」「撤退する」という意味の動詞です。名詞形にするとwithdrawalになります。

名 託児施設

- ☑ *parking facilities*（駐車施設）
- *facility*（施設）

こたえ：託児施設

> **すごいコツ**　careは「世話」「注意」という意味なので、childと結びついて「子供の世話」という意味になります。

名 財務上の助言

- ☑ *financial director*（財務担当役員）
- *financial trouble*（財政困難）

こたえ：財務上の助言

> **すごいコツ**　finance（財務）という名詞に形容詞を作る語尾の-alがくっついてできた言葉です。

名 健康診断

- ☑ *have a regular checkup*
  （定期的に健康診断を受ける）

こたえ：健康診断

> **すごいコツ**　physical checkup ともいいます。physicalは「肉体の」という意味です。

daily necessities

- ▶ I will just bring the daily necessities with me on my trip.
- ▶ 私は旅行には daily necessities だけを持って来るつもりです。

business proposal

- ▶ We haven't decided whether we will accept the business proposal or not.
- ▶ 我々はその business proposal を受け入れるかどうか決めていない。

internal memo

- ▶ The boss sent an internal memo to the staff.
- ▶ 上司は職員に internal memo を送った。

confirm a reservation

- ▶ I'd like to confirm my reservation for November 1.
- ▶ 11月1日の confirm my reservation したいのですが。

名 日用品

- *the bare necessities of life*
  (最低限の生活必需品)

こたえ: 日用品

> **すごいコツ**: dailyは「毎日の」necessityは「必需品」という意味です。necessary(必要な)という意味の形容詞と結びつけて覚えましょう。

名 仕事上の提案

- 動 *propose*（提案する）
- *proposal*には「プロポーズ（求婚）」の意味もある。

こたえ: 仕事上の提案

> **すごいコツ**: proposalはpropose(提案する)という動詞の名詞形です。proposeにはおなじみ「求婚する」という意味もありますね。

名 内部回覧

- *internal*（内部の）
  external（外部の）

こたえ: 内部の連絡

> **すごいコツ**: internalはin-という接頭辞からも推測できるとおり「内部の」という意味です。この反対語はexternal(外部の)です。

熟 予約を確認する

- *reconfirm a reservation*
  (予約を再確認する)

こたえ: 予約を確認

> **すごいコツ**: confirmは「確認する」という意味の動詞ですが、irの部分は[fə:]と発音するので注意しましょう。

in detail

- ▶ Tell us your work experience in detail.
- ▶ あなたの職務経験を我々に in detail 話してください。

retirement party

- ▶ Will you attend the general manager's retirement party?
- ▶ あなたは総支配人の retirement party に出席しますか。

fill out

- ▶ Please fill out the form at the front desk.
- ▶ 受付で書類に fill out してください。

meet with a client

- ▶ Ellen will meet with the client this afternoon.
- ▶ エレンは今日の午後 meet with the client でしょう。

この20ページで、あなたの頭もラクラク「英語頭」 195

熟 詳細に
☑ 形 *detailed*（詳細な）

こたえ：詳細に

> **すごいコツ**　detailは「詳細」という意味の名詞です。

名 退職記念パーティー

こたえ：退職記念パーティー

> **すごいコツ**　retire（退職する）という動詞の名詞形がretirementです。「送別会」はfarewell partyといいます。

熟 書き込みをする
☑ 同じ意味のneedよりも少々堅い単語です。

こたえ：記入

> **すごいコツ**　代名詞のitやthemなどが目的語となる場合はfill it out、fill them outのような語順になるので注意しましょう。

熟 顧客に会う
☑ *client*（顧客）

こたえ：客に会う

> **すごいコツ**　meet with ～は「～に偶然出会う」「～と約束して会う」の両方の意味で使う表現です。

頭に効く！すごい「テスト」⑦
「ローン返済に役立つ」英単語

A～Cのイラストと同じ英単語を探せ！

A　「家やビルを建設する会社」を何と言う？

B　完成すると「これ」に苦しめられます？

C　「預金からいつの間にかお金がなくなる」現象は？

この20ページで、あなたの頭もラクラク「英語頭」

❹〜❻のイラストが表す英単語を、
右ページの8つの単語カードの中から
1つずつ選んでください。

❶ contractor

❷ postpone

❸ daily necessities

❹ mortgage

❺ banquet

❻ fill out

❼ superior

❽ automatic withdrawal

こたえ　Ⓐ＝❶ contractor, Ⓑ＝❹ mortgage, Ⓒ＝❽ automatic withdrawal

係長 課長 次長 部長

ONE WAY

8章 「仕事ができる人の英単語」一挙公開します！

すごい「英単語」勉強法 ⑧
「モーニングサービス」は「午前の礼拝」の意味!?

「カタカナ英語は信用しない!」

これが正しく単語を学ぶための鉄則です。

実用英語の場合、英単語の発音に注意しなければなりません。実際に外国人と会話をしてみると、単語自体はよく知っているのに、発音がわかっていないために、聞こえなかったり通じなかったりすることがよくあるからです。

だから、カタカナになっている英語に注意する必要があるのです。

たとえば「キャリアウーマン」の「キャリア」は英語では career ですが、アクセントは後ろに置かれ、[kəríə] と読まれ、日本語とは似ても似つかない発音となります。

「それくらい通じるだろう」と思う方もいるかもしれませんが、このような短い単語で、とくにアクセントが違っている場合には、まったく通じません。

カタカナ語になっている単語は、日本語を信用せず、**発音記号を読みながら覚える習慣**を身につけましょう。

日本語の「手紙」は中国語では「トイレットペーパー」を意味するそうです。それと同様に、英語ではまったく通じないカタカナ語もあるので注意する必要があります。

たとえば、私たち日本人にはおなじみの、喫茶店の「モーニングサービス」。これは**英語では「午前の礼拝」という全然違う意味**になってしまいます。

また、車の「バックミラー」にしても、そのような英語はなく、rearview mirror が正しい英語です。

さらに、私たちが英語だと思いこんでいるけれど、じつは英語ではないカタカナ英語もあります。「ホッチキス」というと、何か英語っぽく感じますが、英語にはこのような言い方はせず、stapler と言います。

最近のパソコン用語などは、英語と同じ物も多くなっていますが、昔から定着しているものほど怪しんで接した方が賢明です。

evaluation

[ɪvæljuéɪʃən]
イヴァル**エイ**シャン

- Every employee must have an evaluation at the end of three months.
- 全従業員は3か月たつと evaluation を受けねばならない。

situation

[sìtʃuéɪʃən]
シチュ**エイ**シャン

- The firm is in a bad financial situation and must claim bankruptcy.
- その会社は財務 situation が悪く，破産を申請しなければならない。

dormitory

[dɔ́ərmətɔ̀ːri]
ドマタリ

- The student came back to his dormitory late.
- その学生は遅く dormitory に戻って来た。

stock

[stάk]
ス**タ**ック

- The price of the stock plummeted three percent.
- その stock は3パーセント下がった。

名 評価

- ☑ *evaluation form*（通知表）
- ☑ 動 *evaluate*（評価する）

こたえ：評価

> **すごいコツ**　単語の中に「価値」を表すvalueという単語が入っていますね。「価値を決める」というところからきているのです。

名 状況

- ☑ *the present situation of the world*（世界の現状）

こたえ：状況

> **すごいコツ**　situation comedy (sitcom)は「連続ホームコメディー」という意味でアメリカでは人気です。「奥様は魔女」などが有名ですね。

名 寮

こたえ：寮

> **すごいコツ**　略してdormということもあります。

名 在庫品

- ☑ 名 *stocktaking*（棚卸し）

こたえ：株価

> **すごいコツ**　「株式」の意味もあります。「株式市場」のことをstock marketと言います。

warranty

{ wɔ́[ə]rənti **ウォ**ランティ }

- ▶ The appliance has a one-year warranty.
- ▶ その器具には1年の warranty がついている。

publicity

{ pʌblísəti パブ**リ**シティ }

- ▶ The computer giant got a lot of publicity for its new computer at the press conference.
- ▶ その巨大コンピューター企業は記者会見で新型コンピューターを大いに publicity した。

lodging

{ ládʒɪŋ **ラ**ッジン }

- ▶ What kind of lodgings does the town have?
- ▶ その町にはどんな種類の lodgings がありますか。

pharmacist

{ fáəməsɪst **ファ**ーマシスト }

- ▶ The pharmacist filled my prescription this afternoon.
- ▶ その pharmacist が今日の午後私の処方薬を調合した。

名 保証(書)

☑ 動 *warrant*（保証する）

こたえ 保証

> **すごいコツ**　「保証期間」はwarranty periodと表現します。periodは「期間」という意味です。

名 広告

☑ *publicity man*（宣伝員，広報係）

こたえ 宣伝

> **すごいコツ**　public（公の）という形容詞に「状態」を表す名詞を作る-ityが結びついた単語です。

名 宿

☑ *board and loding*
（まかない付き下宿）

こたえ 宿

> **すごいコツ**　動詞のlodgeには「（苦情などを）申し立てる」の意味もあります。lodge a complaintで「不平を唱える」という意味です。

名 薬屋

☑ 名 *pharmacy*（薬局）

こたえ 薬剤師

> **すごいコツ**　-istは「人」を表す接尾辞です。「自転車に乗る人」はcyclistといいます。

form

{ fɔ́ːm
フォーム }

- Please fill out and submit the form.
- その form に記入して提出してください。

expire

{ ɪkspáɪə
イクスパイア }

- When do those canned goods expire?
- それらの缶入り商品はいつ expire しますか。

address

{ ədrés
アドレス }

- The president will address the audience.
- 大統領は聴衆に address するだろう。

assignment

{ əsáɪnmənt
アサインマント }

- Please let me know when you can finish the assignment.
- いつ assignment を終えることができるか私に知らせてください。

名 **用紙**

☑ *tax form*（税金申告書）

こたえ 用紙

> **すごいコツ** 用紙に「書き込む」という意味の熟語はfill outです。formは「形」「形態」という意味でもよく用いられます。

動 **終了する**

☑ 名 *expiration*
（期限切れ）

こたえ 期限切れ

> **すごいコツ** 期限切れの証書などには、"EXPIRED"という赤印がおされます。exp.と略されることもあります。

動 **演説する**

☑ *address oneself to ~*
（〜に語りかける）

こたえ 演説

> **すごいコツ** addressは「住所」という意味でもおなじみの単語です。名詞で「演説」という意味でも用います。

名 **課題**

☑ 動 *assign*（割り当てる）

☑ *carry out one's assignment*（任務を遂行する）

こたえ 課題

> **すごいコツ** この単語には「任命」という意味もあります。assignという動詞には「任命する」という意味もあり、これが名詞形になったわけです。

telecommunications
[tèləkəmjùːnɪkéɪʃnz]
テレカミュニケイシャン

▶ Rapid changes in telecommunications have created many jobs in that industry.

▶ telecommunications の急速な変化が、その産業に多くの仕事を作り出している。

employ
[ɪmplɔ́ɪ]
イムプロイ

▶ Our company will employ more college graduates this year.

▶ 当社は今年、より多くの大卒者を employ だろう。

award
[əwɔ́ːd]
アオード

▶ Tom won an award for making the most sales in the company.

▶ トムは社内で最も多く売り上げたことに対して award をもらった。

invoice
[ínvɔɪs]
インヴォイス

▶ Please sign the invoice.
▶ invoice に署名してください。

名 電気通信

- *telecommunication business*
  (電気通信事業)

こたえ: 電気通信

> **すごいコツ**: tele-は「遠い」を表す接頭辞です。例えばtelescopeは「遠くを見る観測機(scope)」なので「望遠鏡」という意味になります。

名 雇用する

- 名 *employment* (雇用)
  名 *unemployment* (失業)

こたえ: 雇用する

> **すごいコツ**: hireも同じような意味を表しますが、こちらはより個人的な場合や一時的な場合に「雇う」という意味で用いられます。

名 賞

- *get[gain] an award* (受賞する)

こたえ: 賞

> **すごいコツ**: あの「アカデミー賞」のことは、Academy Awardと言います。

名 納品書

- *duplicate invoice* (納品書の控え)

こたえ: 納品書

> **すごいコツ**: 取引先から商品が送ってきたときに、一緒に入ってくる書類のことです。

certificate
{ sətífɪkət }
{ サーティフィカト }

- Mark received a certificate for his achievements.
- マークは業績 certificate を受け取った。

contact
{ kantǽkt }
{ カンタクト }

- Please contact me by e-mail.
- メールで私に contact してください。

transportation
{ trænspətéɪʃən }
{ トランスポーテイシャン }

- The train is the most convenient form of transportation for me.
- 列車は私にとって最も便利な形態の transportation です。

profit
{ práfət }
{ プラファット }

- Ron will report on our profit and loss margin.
- ロンが我々の profit と損失の幅を報告します。

名 証明書

こたえ: 証明書

- 動 *certify*（証明する，保証する）
- 名 *certification*（証明書，免許証）

すごいコツ: birth certificateは「出生証明書」、death certificateは「死亡証明書」という意味です。

動 連絡する

こたえ: 連絡

- *get in contact with ～*
  （～と連絡を取る）

すごいコツ: 宇宙人との「接触、連絡」を描いたContactという映画がありました。こちらは名詞として使われています。

名 移動手段

こたえ: 移動手段

- 動 *transport*（輸送する）
- *public transportation*（公共交通機関）

すごいコツ: trans-という接頭辞は「別の場所へ」という意味を持っています。

名 利益

こたえ: 利益

- *profit margin*（利幅）

すごいコツ: pro-は「前」という意味を持った接頭辞です。利益が得られるのは前向きな進展ですよね。

reliability

{ rɪlàɪəbíləti }
{ リライアビリティ }

- Our product received good reviews for its reliability.
- わが社の製品は reliability で好評を得た。

outlet

{ áutlèt }
{ アウトレット }

- I need to find an outlet for this plug.
- 私はこのプラグを入れる outlet を見つける必要がある。

voucher

{ váutʃə }
{ ヴァウチャー }

- I have a voucher for the goods.
- 私はその商品の voucher を持っている。

interactive

{ ìntəræktɪv }
{ インタラクティヴ }

- Our website is interactive.
- 我々のウェブサイトは interactive のものです。

名 信頼性

- 形 *reliable*（信頼できる）
- *rely on* ～（～を信頼する）

こたえ：信頼性

すごいコツ　rely（頼る）とable（できる）と状態を表し名詞を作る-ityという接尾辞がくっついてできた単語です。

名 コンセント

- 差し込む側は*plug*といいます。

こたえ：コンセント

すごいコツ　「直販店」「はけ口」の意味もあります。consentは「同意（する）」の意味で、カタカナ語の「コンセント」は通じません。

名 引換券

こたえ：引換券

すごいコツ　「割引券」のことはdiscount voucherといいます。また「ギフト券」のことはgift voucherといいます。

形 双方向の

- 動 *interact*（相互に作用する）
- 名 *interaction*（相互作用）

こたえ：双方向

すごいコツ　inter-という接頭辞は「相互に」という意味を持っています。「相互に活動する（active）」のだから「双方向に」という意味になります。

prototype

{ próutətàɪp }
プロウタタイプ

- ▶ We will reveal the prototype for our new product at the next meeting.
- ▶ 我々は新製品の prototype を次の会議で公表します。

reimburse the expense

- ▶ The company will reimburse all your expenses that are related to work.
- ▶ 会社は仕事に関連する reimburse all your expenses をするでしょう。

assume responsibility

- ▶ The company must assume responsibility for its error.
- ▶ 会社はその間違いに対する assume responsibility ねばならない。

without notice

- ▶ He left the firm without notice.
- ▶ 彼は without notice 会社をやめた。

「仕事ができる人の英単語」一挙公開します！ 215

名 原型

☑ *protocol*

（プロトコル＜コンピュータ用語＞）

こたえ　試作品

> **すごいコツ** proto-という接頭辞は「最初の」「原始の」という意味を表します。「最初の型（type）」→「原型」ということです。

熟 経費の払い戻しをする

☑ *be reimbursed in full*

（全額弁済される）

こたえ　経費の払い戻し

> **すごいコツ** re-という接頭辞は「再び」という意味を表し、reimburseは「払い戻しをする」という意味になります。expenseは「出費」という意味です。

熟 責任を負う

☑ 形 *responsible*（責任がある）

☑ *take the responsibility for* ～（～の責任を取る）

こたえ　責任を負わ

> **すごいコツ** assumeには「想定する」という意味もありますが、ここでは「引き受ける」という意味で使われています。

熟 予告なしに

☑ *with a week's notice*

（1週間前に通知して）

こたえ　予告なし

> **すごいコツ** noticeは「通知」という意味の名詞です。

successful project

- ▶ The executives congratulated each other on the successful project.
- ▶ 幹部たちは successful project をお互いに祝福した。

call in sick

- ▶ I don't feel well so I'm going to call in sick today.
- ▶ 気分がよくないので、今日は call in sick します。

terms of agreement

- ▶ If you agree to the terms of agreement, sign on the dotted line.
- ▶ terms of agreement に同意していただけるなら、点線の上に署名してください。

make an appointment

- ▶ I'd like to make an appointment with Dr. Kellner for tomorrow at 3:00.
- ▶ ケルナー先生と明日3時に make an appointment したいのですが。

名 うまくいった企画

☑ *unsuccessful project*
（うまくいかなかった企画）

こたえ: うまくいった企画

> **すごいコツ**　successは「成功」という意味の名詞ですが、「……に満ちた」という意味の形容詞を作る接尾辞が付くと、successfulとなります。

熟 病気で休むと連絡する

☑ *take sick leave*（病気休暇を取る）

こたえ: 病気で休むと連絡

> **すごいコツ**　callは「電話をする」とい意味で使われる動詞です。名詞で「通話」という意味でも使います。

名 契約条件

☑ *terms and conditions*（＜契約＞条件）

こたえ: 契約条件

> **すごいコツ**　termは「条件」「用語」「期間」「関係」など様々な意味を持つ多義語です。

熟 約束をする

☑ 動 *appoint*（取り決める）

こたえ: 約束を

> **すごいコツ**　人と会う約束はpromiseやreservationではなく、appointmentを使います。カタカナ語でも略して「アポ」といいます。

pay in cash

- ▶ Will you pay in cash, or use your credit card?
- ▶ pay in cash しますか，それともクレジットカードを使いますか。

work overtime

- ▶ The employees here are never forced to work overtime.
- ▶ ここの従業員たちは決して work overtime ことを強制されない。

out of service

- ▶ This machine is out of service.
- ▶ この機械は out of service である。

on sale

- ▶ I bought this coat on sale.
- ▶ このコートは on sale 買いました。

「仕事ができる人の英単語」一挙公開します！

熟 現金で払う

こたえ：現金払い

> **すごいコツ**
> 「小切手で払う」と言う場合にはpay by checkと言います。checkは小切手という意味です。

熟 残業する

☑ *overtime (pay)*（超過勤務手当）

こたえ：残業する

> **すごいコツ**
> over-という接頭辞は「過度」や「上」を表します。だから、overtimeは「時間を超えて」→「残業して」という意味になるのです。

熟 運転休止の

☑ *in service*（運行している）

こたえ：運転休止

> **すごいコツ**
> out ofは「～の外へ」という意味で、目的語から離れることを表します。この表現でも正常に運行している状態から離れているわけです。

熟 特売で

☑ *for sale*（売り物の）
cash sale（現金販売）

こたえ：バーゲンで

> **すごいコツ**
> 「販売中である」の意味もあります。for saleというと「売り物の」という意味になります。

up-to-date information

- ▶ This news site always has up-to-date information.
- ▶ このニュースサイトは常に up-to-date information を出している。

make a reservation

- ▶ I'd like to make a reservation for two for dinner tonight, please.
- ▶ 今夜2人分のディナーの make a reservation したいのですが。

get to work

- ▶ The boss ordered me to get to work.
- ▶ 上司は仕事に get to work よう私に命じた。

dining room

- ▶ Let's eat in the dining room.
- ▶ dining room で食べましょう。

「仕事ができる人の英単語」一挙公開します！

名 最新情報

☑ *the latest information*

> こたえ: 最新情報

すごいコツ: up-to-dateは「最新の」という意味で、latestという形容詞とも言い換えることができます。

熟 予約をする

☑ 動 *reserve*（予約する）

> こたえ: 予約を

すごいコツ: 予約を「する」といってもdoを使うわけではありません。この表現ではmakeが使われます。

熟 仕事に取りかかる

☑ *get back to work*（仕事に戻る）

> こたえ: 仕事に取りかかる

すごいコツ: get toは「〜に取りかかる」という意味の熟語です。get back to work（仕事に戻る）という表現とセットでおぼえておきましょう。

名 食堂

☑ *a living room*（居間）

a waiting room（待合室）

> こたえ: 食堂で

すごいコツ: dineは「食事をする」、dinerだと「レストランの客」という意味になります。Diners Clubというクレジット会社がありますね。

頭に効く！すごい「テスト」⑧
「定時で帰れる」英単語

Ⓐ

これ頼むわ

Ⓐ〜Ⓒの
イラストと同じ
英単語を探せ！

本当は「上司」でなく「自分」が見つけるもの

Ⓑ

仕事が大量にあると、つい「これ」をしてしまう

Ⓒ

努力が「会社で認められる」ことを言います

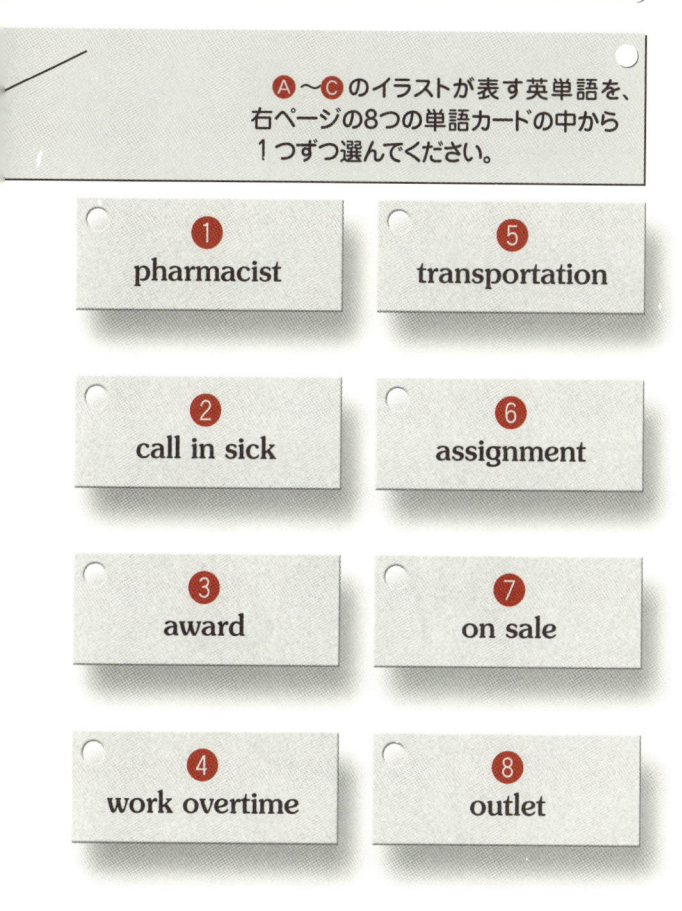

「仕事ができる人の英単語」一挙公開します！ 223

❹〜❸のイラストが表す英単語を、
右ページの8つの単語カードの中から
1つずつ選んでください。

1. pharmacist
2. call in sick
3. award
4. work overtime
5. transportation
6. assignment
7. on sale
8. outlet

こたえ ❹＝❻ assignment, ❺＝❹ work overtime, ❻＝❸ award

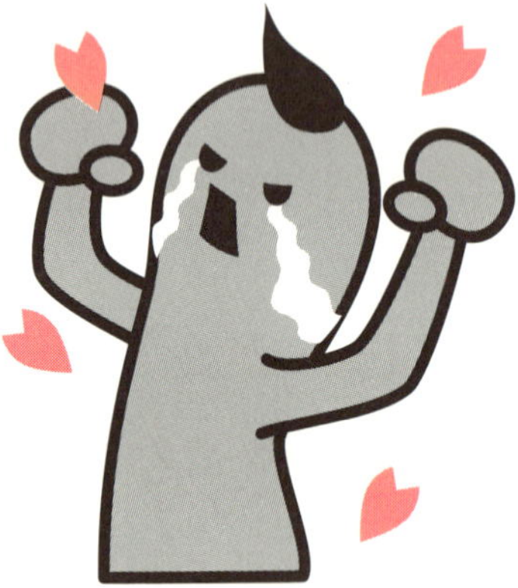

9章 「人生の豊かさ」と「英単語の量」は比例する？

ONE WAY

すごい「英単語」勉強法 ❾

さて、「寿司」を英語に訳すと、じつはどうなる?

さて、問題です。

次の日本語を英訳してください。

①布団　②着物　③寿司　④酒　⑤班長

答は以下の通りです。

1. futon[fʃ(j)úːtɑn]　2. kimono[kəmóunə]　3. sushi[súːʃi]
4. saki [sáːki]　5. honcho[hántʃou]

なんと、これらの単語はすべて英語になっているのです。

まあ、honcho（親分、ボス）のように、多少ニュアンスが変わっているものもありますが、「ゲイシャ」「ハラキリ」「フジヤマ」だけでなく、**英語になっている日本語は結構ある**のです。そもそも英語は様々な言語の混成語で、外国の言葉を柔軟

「人生の豊かさ」と「英単語の量」は比例する？　227

に取り入れて変化する特徴を持っています。

　アメリカのとある田舎町のレストランに入って、メニューを開いてみると、Hibachi BBQ Special という料理がありました。「もしや？」と思って辞書を引いてみると、「Hibachi」とはなんと、日本人でさえも忘れかけている、あの「火鉢」のことでした。hibachi は[hɪbáːtʃi]と発音します。

　アメリカに行ったときに黒澤明監督の『七人の侍』のDVDを買ったことがあります。タイトルは「Seven Samurai」です。7人なのに「s」が付かないのはどうしてかと思い、辞書を引いてみると、samurai [sǽmuràɪ]は**集合名詞として用いsを付けないこともある**とありました。日本語が英語になっているだけでなく、こんなふうに、その単語の語法まで確立しているとは驚きです。

　あと1000年経つと、単語が混じり合って、世界の言語は一つになっているかもしれませんね。

confirm
{ kənfə́ːm }
カンファーム

▶ Please confirm your flight 24 hours in advance.
▶ 24時間前にご搭乗の便を confirm してください。

donation
{ dounéɪʃən }
ドウネイシャン

▶ The CEO made a generous donation to charity.
▶ CEOは慈善事業に気前よく donation をした。

status
{ stéɪtəs }
ステイタス

▶ What's your marital status?
▶ あなたの結婚 status はどうなっていますか。

purpose
{ pə́ːpəs }
パーパス

▶ What is the purpose of your visit to the United States?
▶ あなたの米国訪問の purpose は何ですか。

動 確認する

- ☑ 名 *confirmation*（確認）
- ☑ *reconfirmation*（再確認）

こたえ：確認

> **すごいコツ** 海外旅行の際に必要となる搭乗便のreconfirmationは、re（再び）confirm（確認）ation（すること）と分解できます。

名 寄付

- ☑ 動 *donate*（寄付する）

こたえ：寄付

> **すごいコツ** 「寄付をする」といいたい場合には、基本動詞のmakeを使ってmake a donationと表現します。

名 地位

- ☑ *the status quo*（現状，体制＜維持＞）

こたえ：歴

> **すごいコツ** status symbolというと「地位の象徴」という意味になります。地位を表す所有物などのことです。

名 目的

- ☑ *for the purpose of ~*（~の目的で）

こたえ：目的

> **すごいコツ** urの部分の発音は[ə:]となります。注意しましょう。

warehouse
{ wéəhàus / ウェアハウス }

- Walter moved the stock to the warehouse.
- ウォルターは在庫品を warehouse へ移した。

auditorium
{ ɔ̀ːdɪtɔ́ːriəm / オーディトアリアム }

- Many people packed the auditorium to listen to the lecture.
- 多くの人がその講義を聴くために auditorium に詰めかけた。

representative
{ rèprɪzéntətɪv / レプリゼンタティヴ }

- A representative from the overseas branch will visit us today.
- 海外支店の representative が今日私たちを訪問します。

restrict
{ rɪstríkt / レストリクト }

- The company restricts the number of hours we work.
- 会社は我々の労働時間数を restricts している。

名 倉庫

☑ *afreight warehouse*（貨物倉庫）

こたえ: 倉庫

> **すごいコツ**　「棚売り店」や「問屋」を表すこともあります。「小売り店」はretail storeといいます。

名 講堂

☑ *civic auditorium*（市の公会堂）

こたえ: 講堂

> **すごいコツ**　audi-は「聴く」という意味を表す接頭辞です。「講堂」は耳を傾けて話を聞く場所ですね。

名 代表者

☑ *sales representative*（営業マン）

こたえ: 代表者

> **すごいコツ**　representative には「代議士」という意味もあります。国民の「代表」だからそう呼ぶのですね。

動 制限する

☑ 名 *restriction*（制限）

こたえ: 制限

> **すごいコツ**　同じような意味を表す言葉にカタカナ語として定着しているlimitがありますが、こちらは名詞としても動詞としても使うことができます。

expert
{ ékspəːt / エクスパート }

- She is an expert in the field of physics.
- 彼女は物理学の分野の expert だ。

apprentice
{ əpréntɪs / アプレンティス }

- Lisa is the new apprentice at the company.
- リサは会社の新しい apprentice です。

potential
{ pəténʃl / パテンシャル }

- He has the most potential to be promoted to manager.
- 彼は経営者に昇進する potential が最も高い。

overwork
{ òuvəwéːk / オーヴァワーク }

- Be careful not to get stressed from overwork.
- overwork でストレスを受けないように注意しなさい。

名 専門家

- 名 *expertise*（専門的知識）

こたえ：専門家

すごいコツ：日本語のカタカナ語は「エキスパート」でどちらかというと後ろにアクセントがありますが、英語では前にアクセントがあるので要注意です。

名 実習生

- *work as an apprentice*（実習生として働く）

こたえ：実習生

すごいコツ：traineeともいいます。-eeは「される人」という意味の接尾辞で、「訓練される人」というところからきています。

名 潜在能力

- 名 *potentiality*（可能性）

こたえ：可能性

すごいコツ：この単語は名詞としても形容詞としても使うことができます。形容詞の時には「可能性がある」という意味になります。

名 過労

- *die from overwork*（過労死する）

こたえ：過労

すごいコツ：over-という接頭辞が「過度」や「上」を表すと知っていれば、簡単にわかる単語ですね。

article
{ áətɪkl / アーティクル }

- Did you read the article about the election in today's paper?
- 今日の新聞で選挙に関する article を読みましたか。

reference
{ réfərəns / レファランス }

- My resume is enclosed with this letter for your reference.
- reference までに，この手紙に私の履歴書が同封されています。

function
{ fʌ́ŋkʃən / ファンクシャン }

- This machine has many functions.
- この機械は多くの functions を持つ。

upgrade
{ ʌpgréɪd / アップグレイド }

- It's time to upgrade this software.
- このソフトを upgrade 時期が来た。

名 記事

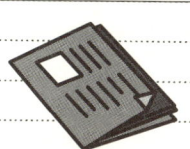

こたえ: 記事

> **すごいコツ**: articleには「品物」「〈契約などの〉条項」という意味もあります。

名 参考

- 動 *refer*（参照する）

こたえ: ご参考

> **すごいコツ**: 「参考図書」のことはa reference bookといいます。

名 機能

- 名 *malfunction*（機能不全、故障）

こたえ: 機械

> **すごいコツ**: コンピューターのキーボードの上にあるキーを「ファンクションキー」といいます。このキーには特定の「機能」が割り当てられますね。

動 新しいものにする

- *downgrade*は「降格する」の意味。

こたえ: 新しいものにする

> **すごいコツ**: コンピューター用語としておなじみです。格(grade)をup(上に)上げると考えると連想しましょう。

ingredient
【 ɪngríːdiənt 】
イングリーディアント

- ▶ What's the main ingredient in this dish?
- ▶ この料理の主な ingredient は何ですか。

profitability
【 prὰfətəbíləti 】
プラフィタビリティ

- ▶ Lately, there is not much profitability in the tech sector.
- ▶ 最近, 技術部門にはあまり大きな profitability がない。

inventory
【 ínvəntɔ̀ːri 】
インヴァントアリ

- ▶ Show me the list of the inventory.
- ▶ inventory のリストを私に見せてください。

administrator
【 ədmínəstrèɪtə 】
アドミナストレイタ

- ▶ Please contact the site administrator.
- ▶ サイトの administrator に連絡してください。

名 **材料**

- ☑ *a main[chief] ingredient*（主成分）

こたえ：材料

> **すごいコツ** in-という接頭辞は「中」と表します。「材料」は「中に入れるもの」ですよね。

名 **収益性**

- ☑ 形 *profitable*（もうかる）

こたえ：収益性

> **すごいコツ** profit（利益）＋able（できる）＋ity（状態）という3つの部分からできた単語です。分解すると意味がわかりますね。

名 **在庫品**

- ☑ *stock*

こたえ：在庫品

> **すごいコツ** 「棚卸し」「在庫調べ」の意味でも用いられます。「在庫管理」はinventory controlといいます。

名 **管理者**

- ☑ 名 *administration*（管理，行政，政権）
  - 動 *administer*（統治する，管理する）

こたえ：管理者

> **すごいコツ** システムアドミニストレーターという資格の名前でおなじみとなった単語ですね。

experiment
[ikspéərəmənt / イクスペアラマント]

- The first experiment on the prototype was successful.
- 試作品の最初の experiment は成功した。

independence
[ìndɪpéndəns / インティペンダンス]

- The government wants total independence from foreign oil sources.
- 政府は海外の石油供給源からの完全な independence を望んでいる。

illustration
[ìləstréɪʃən / イラストレイシャン]

- The illustration shows how the house will be built.
- illustration はその家がどのように建てられるかを示しています。

opportunity
[ɑpət[j]ú:nəti / アパチュニティ]

- The merger will be a great opportunity for our company.
- その合併は当社にとって大きな opportunity になるだろう。

名 **実験**

- ☑ 形 *experimental*（実験の）

こたえ: 実験

> **すごいコツ**　よく似た単語にexperienceがありますが、こちらは「経験」という意味なので、間違えないように注意しましょう。

名 **独立**

- ☑ 形 *independent*（独立している）

こたえ: 独立

> **すごいコツ**　7月4日はIndependence Dayで「米国独立記念日」です。同名のSF映画もありましたね。

名 **説明図**

- ☑ 動 *illustrate*（例証する）

こたえ: 説明図

> **すごいコツ**　「イラスト」というカタカナ語でおなじみの単語です。英語には「実例」「例証」という意味もあります。

名 **機会**

- ☑ 名 *opportunist*（日和見主義者）
- ☑ *chance*

こたえ: 機会

> **すごいコツ**　equal opportunityで「機会均等」という意味になります。

dealer { dí:lə / ディーラ }

- ▶ The car dealer gave me a good price on a car.
- ▶ その自動車 dealer は私に車のよい値をつけてくれた。

make a presentation

- ▶ Sue will have to make a presentation to the client tomorrow.
- ▶ スーは明日顧客に make a presentation をしなければならないだろう。

conduct research

- ▶ The scientist will conduct research on the new cancer medicine.
- ▶ その科学者は新しい抗がん剤の conduct research 予定です。

submit a report

- ▶ The scientist submitted his report to the government.
- ▶ その科学者は政府に submitted his report した。

名 業者

- ☑ 名 *dealing*（取引）
- ☑ *deal in ~*（~を商う）

こたえ　業者

> **すごいコツ**　dealは扱うという意味の動詞です。これが「人」を表す-erという接尾辞と結びついたわけです。

熟 プレゼンをする

- ☑ 動 *present*（提示する）

こたえ　プレゼン

> **すごいコツ**　プレゼンを「する」といってもdoを使うわけではありません。この表現ではmakeが使われます。

熟 調査を行う

- ☑ *carry out research, do research*

こたえ　研究を行う

> **すごいコツ**　conductには「指揮する」「熱などを伝える」という意味があります。「行い」という名詞ではアクセントを前に置きます。

熟 レポートを提出する

こたえ　レポートを提出

> **すごいコツ**　submit（提出）するという動詞は同じ意味の熟語、hand inとも言い換えることができます。

carry out

- ▶ We're going to need a bigger budget to carry out the plan.
- ▶ その計画を carry out ためには，我々にはより大きな予算が必要となるでしょう。

pay off the debt

- ▶ It will take a long time to pay off the debt.
- ▶ その pay off the debt するには長い時間がかかるだろう。

go bankrupt

- ▶ The scandal caused the airline company to go bankrupt.
- ▶ そのスキャンダルが原因でその航空会社は go bankrupt した。

press conference

- ▶ The politician held a press conference to explain the scandal.
- ▶ その政治家はスキャンダルの説明をするために press conference を開いた。

熟 遂行する

☑ execute

こたえ: 遂行する

すごいコツ: outは「完遂」を表します。「継続」を表すonを使うとcarry onとなり、「続行する」という意味になります。

熟 債務を返済する

☑ be in debt（借金している）

こたえ: 債務を返済する

すごいコツ: debt（借金）という単語の発音に注意しましょう。bという綴りは発音しません。

熟 倒産する

☑ 名 bankruptcy（倒産）

こたえ: 倒産

すごいコツ: この表現でのgoは「……な状態になる」という意味で使われています。bankruptは「破産した」という意味の形容詞です。

名 記者会見

☑ a press release（新聞発表）

こたえ: 記者会見

すごいコツ: pressは「報道」「新聞」「出版」などのマスコミ媒体を表す言葉です。conferenceは「会見」という意味です。

photocopy the brochure

- ▶ Please photocopy the brochure and hand it out to the staff.
- ▶ その photocopy the brochure して，職員に配布してください。

make remarkable progress

- ▶ We're making remarkable progress in the construction of the skyscraper.
- ▶ その摩天楼の建設は making remarkable progress している。

postal worker

- ▶ The postal worker delivered the package today.
- ▶ その postal worker が今日その小包を配達した。

take place

- ▶ The big sales campaign will take place on November 1.
- ▶ 大規模な販売キャンペーンが11月1日に take place ます。

熟 パンフレットをコピーする

☑ *photocopy*は単に*copy*でもよい。

こたえ: パンフレットをコピー

> **すごいコツ**: photo-という接頭辞は「光の」という意味を表します。photocopyは商標名を使ってXeroxということもあります。

熟 著しい進歩をする

☑ *progress remarkably*

こたえ: 著しく進展

> **すごいコツ**: make progressは「進歩をする」という意味の表現です。remarkableは「著しい」という意味の形容詞です。

名 郵便局員

☑ 名 *postage*（郵便料金）

こたえ: 郵便局員

> **すごいコツ**: postmanという単語は、性別を限定する含みがあるので、policemanなどと同様、今ではあまり使いません。

熟 起こる

☑ *be held*

こたえ: 行われ

> **すごいコツ**: take placeには「起こる(happen)」という意味と「行われる(be held)」という意味の両方があります。

update the numbers

- ▶ Please update the numbers on the balance sheet.
- ▶ 貸借対照表の update the numbers してください。

very truly yours

- ▶ You should sign off your letter with the words "very truly yours."
- ▶ 手紙は very truly yours という言葉で結ぶべきである。

shut down

- ▶ The network problem shut down all our operations for the day.
- ▶ ネットワークの問題のためにその日のすべての業務が shut down した。

conventional method

- ▶ Professor Higgins uses a conventional method of teaching.
- ▶ ヒギンズ教授は conventional 教授 method を使う。

熟 数字を更新する

こたえ: 数字を更新

> **すごいコツ**
> updateには「(パソコンやソフトウェアを)アップデートする」の意味もあります。

副 敬具

こたえ: 敬具

> **すごいコツ**
> Sincerely (yours), (Best) regards などともいいます。「拝啓」はDear (Mr.) ~と表現します。

熟 休業する

こたえ: 停止

- *shut down a factory[airport]*
  (工場[空港]を閉鎖する)

> **すごいコツ**
> shutという動詞は「閉じる」という意味です。Shut up.だと「黙りなさい。」という意味になります。

名 旧来の方法

こたえ: 旧来の方法

- *conventional* は「型通りの, 紋切り型の, 陳腐な」という否定的な意味でしばしば使われる。

> **すごいコツ**
> conventionには「因習」「慣習」「会議」という意味がありますが、これに形容詞を作る接尾辞の-alがついたのがconventionalです。

248

頭に効く！すごい「テスト」⑨
「野球で燃える」英単語

A〜Cの イラストと同じ 英単語を探せ！

A 俺のチーム

「球団の持ち主」を英語で言うと？

B

選手のトレードを「マスコミ発表する場」は？

C

「球団の持ち主の束縛」から、自由になること

「人生の豊かさ」と「英単語の量」は比例する？ 249

Ⓐ～Ⓒのイラストが表す英単語を、
右ページの8つの単語カードの中から
1つずつ選んでください。

❶ press conference

❷ apprentice

❸ representative

❹ make a presentation

❺ shut down

❻ independence

❼ postal worker

❽ inventory

こたえ Ⓐ＝❸representative, Ⓑ＝❶press conference,
Ⓒ＝❻independence

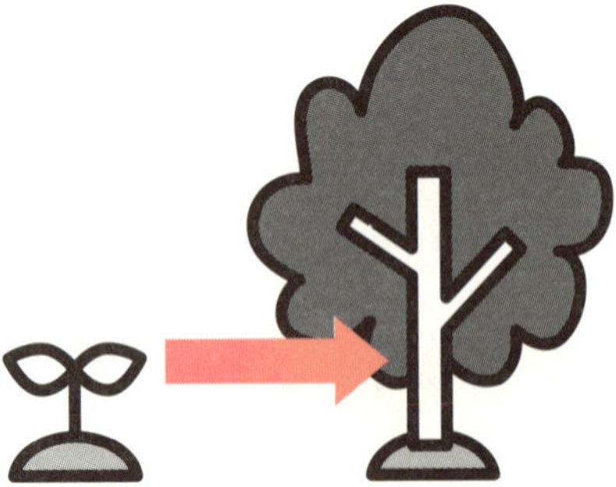

ONE WAY

10章 「すごい英単語手帳」は、確実にあなたを変える！

すごい「英単語」勉強法⑩

heavy、hard……「英語の四字熟語」をかんたん活用!

　何ごとも相性というものがあるようです。

　たとえば、周辺機器とパソコンがどうしてもつながらない、ということがあります。電気屋さんに泣きつくと「相性が悪いようです。あきらめてください」と言われることは珍しくありません。

　人間関係や電気機器だけではなく、じつは英単語にも「相性」があるのです。

　たとえば、「交通量が多い」という場合には、×much traffic ×ではなく×heavy traffic×と表現します。

　さて、以下の表現の(　)には何が入るのか考えてみましょう。

1. (　) audience　　たくさんの聴衆
2. (　) refusal　　きっぱりとした拒絶
3. (　) coffee　　濃いコーヒー
4. (　) rain　　ひどい雨

5. (　) price　　安い価格

答. 1. large 2. flat 3. strong 4. heavy 5. low

　many audience や dense coffee とは言わないのです。
　ただ、このような相性は、英語だけでなく、日本語でもやはりあるのです。
　たとえば、「学生運動」とは言っても、「生徒運動」とは言いませんよね。
　英語を勉強する際は、このような相性を覚えておくのが得策です。
　本書でも、このような英単語のまとまりをたくさん紹介しています。
　受験生が日本語の**四字熟語を覚えるような感覚**で、英語を"固まり"で覚えてしまうことをおすすめします。

luncheon

[lʌ́ntʃən]
ランチャン

- ▶ The women's group will hold a luncheon next week.
- ▶ その女性のグループは来週 luncheon を開きます。

technical

[téknɪkl]
テクニカル

- ▶ The TV station is experiencing technical problems.
- ▶ そのテレビ局では technical 問題が起こっている。

merchandise

[mə́ːtʃəndàɪz]
マーチャンダイス

- ▶ The store doesn't offer refunds on its merchandise.
- ▶ その店は merchandise の払い戻しをしない。

summary

[sʌ́məri]
サマリ

- ▶ Please submit a summary of the report.
- ▶ そのレポートの summary を提出してください。

名 昼食会

こたえ: 昼食会

すごいコツ: 「昼食会を催す」といいたい場合には、give a luncheon、hold a luncheonと表現します。

形 技術的な

☑ 名 *technique*（技術）

こたえ: 技術的な

すごいコツ: techは「技術」を表します。この部分を持つtechnologyという単語は科学技術という意味になります。

名 商品

☑ 名 *merchant*（商人）

こたえ: 商品

すごいコツ: merchant（商人）という単語と共に覚えておくと忘れませんね。

名 要約

☑ 動 *summarize*（要約する）

こたえ: 要約

すごいコツ: 語頭のsumという部分だけでも「大意」「総計」という意味を表すことができます。

supervisor

[súːpəvàɪzə / スーパヴァイザ]

- Who's the supervisor in your department?
- 誰があなたの部の supervisor ですか。

region

[ríːdʒən / リージャン]

- The weather forecast said that the region would be hot today.
- 天気予報によれば，その region は今日は暑くなるだろう。

extension

[ɪksténʃən / イクステンシャン]

- The extension number is 905.
- extension 番号は 905 です。

fee

[fíː / フィー]

- There is no fee for admission.
- 入場 fee は無料です。

「すごい英単語手帳」は、確実にあなたを変える！

名 監督者

- ☑ 形 *supervisory*（監督の）
- ☑ *superintendent*

こたえ: 監督者

> **すごいコツ**: super-という接頭辞には「上位」「超越」を表す意味があります。supermanでおなじみですね。

名 地域

- ☑ *area, district*

こたえ: 地域

> **すごいコツ**: DVDディスクの「リージョンコード」はregion（地域）別のcode（暗号情報）のことですね。

名 内線

- ☑ 動 *extend*（延長する）

こたえ: 内線

> **すごいコツ**: 電話線を社内で「延長して各部署につないだもの」が「内線」だと覚えておきましょう。

名 料金

- ☑ *admission fee*（入場料）

こたえ: 料

> **すごいコツ**: この単語は、医師や弁護士などの専門職に対する「謝礼」という意味でもよく用いられます。

repair
[rɪpéə / リペア]

- ▶ The network is under repair.
- ▶ ネットワークは repair 中です。

exhibition
[èksəbíʃən / エクサビシャン]

- ▶ The art exhibition will open today.
- ▶ 美術 exhibition は今日から始まる。

share
[ʃéə / シェア]

- ▶ The flash drive is a useful tool for sharing data.
- ▶ フラッシュドライブはデータを share するための便利な道具だ。

arrange
[əréɪndʒ / アレインジ]

- ▶ Please arrange a meeting with the client for me.
- ▶ 私の代わりに顧客との会合を arrange してください。

名 修理

☑ *be under repair*(修理中である)

こたえ: 修復中

> **すごいコツ**　「修理する」という意味の動詞としても用いられることがあります。

名 展覧会

☑ 動 *exhibit*(展示する)

こたえ: 展覧会

> **すごいコツ**　ex-は「……から外へ」という意味をもつ接頭辞です。「展覧会」は「外に」向かってアピールする会ですよね。

動 共有する

こたえ: 共有

> **すごいコツ**　名詞のshareには「分け前」や「株式(stock)」の意味があります。shareholderで「株主」という意味です。

動 手配する

☑ *arrange for* ~ (~の準備をする)

こたえ: 手配

> **すごいコツ**　この単語はもともと「整える」「配列する」という意味です。「生け花をする」はarrange flowersといいます。

coworker
{ kóuwè:kə }
{ コウワーカ }

- ▶ My coworker will be transferred to the downtown branch.
- ▶ 私の coworker は繁華街の支店へ転勤になるだろう。

secretary
{ sékrətèəri }
{ セクラテアリ }

- ▶ Please schedule an appointment with my secretary.
- ▶ 私の secretary と約束の時間を決めてください。

replace
{ rɪpléɪs }
{ リプレイス }

- ▶ I replaced the filter on the air-conditioning unit.
- ▶ 私はエアコン装置のフィルターを replaced。

deposit
{ dɪpázət }
{ ディパザット }

- ▶ I made a deposit in the bank today.
- ▶ 私は今日銀行に deposit した。

名 同僚

こたえ: 同僚

> **すごいコツ**　co-はtogetherの意味を表す接頭辞です。coeducation「男女共学」などのco-も同様です。

名 秘書

- *the secretarial section* （秘書室）

こたえ: 秘書

> **すごいコツ**　国際連合の「事務総長」はSecretary-Generalといいます。

動 取り替える

- *replace ~ with ...*
  （〜を…と取り替える）

こたえ: 取り替えた

> **すごいコツ**　re-という接頭辞は「再び」という意味を表すので、re（再び）＋place（置く）というところから生まれた単語だと考えられます。

名 預金

- *deposit money in the bank*
  （銀行に預金する）

こたえ: 預金

> **すごいコツ**　「手付け金」という意味でも用いられます。不動産の「敷金」はsecurity depositといいます。

transaction
[trænsǽkʃən]
トランザクシャン

- ▶I need to go to the bank and make a transaction.
- ▶私は銀行へ行って transaction をする必要がある。

priority
[praiɔ́(ː)rəti]
プライオアラティ

- ▶My family takes priority over my work.
- ▶私は仕事よりも家族を priority する。

participant
[pɑətísəpənt]
パーティサパント

- ▶I was a participant in last week's race.
- ▶私は先週のレースの participant だった。

economical
[èkənɑ́mikl]
イカナミカル

- ▶We'll choose the most economical way to get the job done.
- ▶我々はその仕事を済ませるための最も economical 方法を選ぶつもりだ。

名 取引

☑ 動 *transact*（処理する，取引する）

こたえ: 取引

> **すごいコツ**
> 「現金取引」はcash transactionといいます。cashは「現金」という意味です。

名 優先

☑ *place first priority on 〜*
（〜を最優先する）

こたえ: 優先

> **すごいコツ**
> カタカナ語の「シルバーシート」は英語ではpriority seat（優先席）と言います。

名 参加者

☑ *participate in 〜*（〜に参加する）

こたえ: 参加者

> **すごいコツ**
> participate（参加する）という動詞に、人間を表す-antという接尾辞がくっついてできた単語です。

形 経済的な

☑ 動 *economize*（倹約する）

こたえ: 安上がりな

> **すごいコツ**
> economicalは「安上がりの」の意味です。economic「経済の」と区別することが重要です。

solution
[səlúːʃən / ソルーシャン]

- We need to find a solution for global warming.
- 我々は地球温暖化の solution を見つける必要がある。

background
[bǽkgràund / バックグラウンド]

- Please tell me your work background.
- あなたの職務 background を私に教えてください。

broadcast
[brɔ́ːdkæ̀st / ブロードキャスト]

- Karen's job is to broadcast the weather.
- カレンの仕事は天気を broadcast ことだ。

assets
[ǽsets / アセッツ]

- The company has a lot of capital assets.
- その会社は多くの固定 assets を持っている。

名 解決策

- 動 *solve*（解決する）

こたえ: 解決策

> **すごいコツ**　ビジネスで用いるカタカナ語としての「ソリューション」もすっかり定着しました。

名 経歴

- *one's academic background*（学歴）

こたえ: 経歴

> **すごいコツ**　その人の「背景にある(back)場所や事情(ground)」と連想すると覚えやすいですね。

動 放送する

- *a live broadcast*（生放送）

こたえ: 放送する

> **すごいコツ**　broadは「広い」、castは「投げる」という意味なので、「広く投げる」というところから連想するとよいですね。

名 資産

- *fixed assets*（固定資産）

こたえ: 予約

> **すごいコツ**　「資産」の意味では複数形で使われる名詞です。asset valueのように他の単語と結びつく場合は単数形になります。

conversation

【kànvəséɪʃən】
【カンヴァセイシャン】

- ▶ We had a nice conversation over dinner.
- ▶ 我々は夕食をとりながら楽しい conversation もした。

place an order

- ▶ I'd like to place an order for 20 boxes of pens.
- ▶ ペンを20箱 place an order したいのですが。

hand out

- ▶ Mike will hand out the paycheck slips.
- ▶ マイクが給与票を hand out ます。

submit the resume

- ▶ Please submit your resume by e-mail attachment.
- ▶ メールに添付して submit your resume してください。

名 会話

☑ 動 *converse*（会話する）

こたえ 会話

> **すごいコツ**　「英会話学校」はEnglish conversation schoolと言います。

熟 注文をする

☑ 「受注する」は*receive an order*。

こたえ 注文

> **すごいコツ**　placeは、名詞として「場所」という意味で使うことに加え、「置く」「申し込む」という動詞として使うこともあります。

熟 配る

☑ 名 *handout*（配布資料，チラシ）

こたえ 配り

> **すごいコツ**　distributeという動詞とも言い換えることができる熟語です。手(hand)を使って、外に(out)配っているイメージで覚えられます。

熟 履歴書を提出する

☑ *receive the resume*
（履歴書を受け取る）

こたえ 履歴書を提出

> **すごいコツ**　resumeの発音に注意して覚えましょう。これはもともとフランス語です。

visit a website

- ▶ Please visit our website for more information.
- ▶ より詳しい情報は当社の visit our website ください。

have a demonstration

- ▶ Larry will have a demonstration on how to use the machine.
- ▶ ラリーがその機械の使い方について have a demonstration します。

make a suggestion

- ▶ Mr. Leeham made a suggestion about how to improve working conditions at the plant.
- ▶ リーハム氏は工場での労働条件の改善方法を made a suggestion をした。

gather statistics

- ▶ Ron will gather the statistics and present them at the meeting.
- ▶ ロンは gather the statistics してそれを会議で発表します。

「すごい英単語手帳」は、確実にあなたを変える！ 269

熟 ホームページを見る

☑ *launch a web site*
（ホームページを立ち上げる）

こたえ
ホームページを見て

すごいコツ カタカナ語の「ホームページ」は英語ではそれほど頻繁には用いられません。webpageやweb siteというのが一般的です。

熟 実演する

☑ 動 *demonstrate*（実演する）

こたえ
実演

すごいコツ 基本動詞＋目的語の表現では、目的語に意味の中心があります。

熟 提案をする

☑ 動 *suggest*（提案する）

こたえ
提案

すごいコツ suggestionは「提案する」という意味の動詞、suggestの名詞形です。-tionは名詞を作る接尾辞ですね。

熟 統計を収集する

☑ 形 *statistical*（統計の）

こたえ
統計を収集

すごいコツ gatherは「集める」という意味の動詞です。statisticsは「統計」という意味の名詞です。アクセントに注意して覚えましょう。

attend a seminar

- ▶ How many people from our firm will attend the seminar?
- ▶ わが社から何人がその attend the seminar しますか。

meet a deadline

- ▶ I won't be able to meet the deadline tomorrow.
- ▶ 私は明日の meet the deadline ことができないだろう。

run an ad

- ▶ I'll run an ad in the newspaper about the job opening.
- ▶ 私は求人について新聞に run an ad ます。

advance ticket

- ▶ I need to purchase an advance ticket for the event.
- ▶ 私はそのイベントの advance ticket を買う必要がある。

熟 セミナーに参加する

- *attend school*（通学する）

こたえ　セミナーに参加

すごいコツ　「出席する」という意味のattendは他動詞なので、直後にはすぐに名詞が置かれます。toなどを入れないように注意しましょう。

熟 締め切りに間に合わせる

- *miss a deadline*（締め切りに遅れる）

こたえ　締め切りに間に合わせる

すごいコツ　meetは「出会う」という意味に加えて、「(要求や需要などを)満たす」という意味があります。

熟 広告を出す

- *ad*はadvertisementの略。

こたえ　広告を出し

すごいコツ　adはadvertisementの略です。runという基本動詞を使うことに注意して覚えましょう。

名 前売り券

- *advance fee*

（前渡金<*advancement*>）

こたえ　前売り券

すごいコツ　advanceは「事前の」という意味です。動詞で「進む」という意味でも用いられます。

check a document

- I need to check the document before I send it to the client.
- 私は顧客に送る前に、その check the document 必要がある。

in person

- I want to thank the manager in person.
- 私はマネージャーに in person お礼が言いたい。

improve productivity

- We must find a way to improve productivity on the factory floor.
- 我々は工場での improve prod uctivity ための方法を見つけねばならない。

reduce costs

- We bought energy-saving appliances in order to reduce costs.
- 我々は reduce costs ために省エネ器具を買った。

熟 書類をチェックする

こたえ: 書類をチェック

すごいコツ: 動詞のcheckは「抑制する」、名詞のcheckは「小切手, 伝票」などの意味でも使います。

熟 じきじきに

こたえ: じきじきに

すごいコツ: personは「人間」という意味です。face-to-faceとも言い換えることができます。

熟 生産性を向上する

- 名 *improvement*（向上）
- 形 *productive*（生産的な）

こたえ: 生産性を向上する

すごいコツ: improveは「改善する」という意味の動詞です。また、productivityは「生産性」という意味の名詞です。

熟 費用を削減する

- *reduce expenses*

こたえ: 費用を削減する

すごいコツ: reduceという動詞をcut down onまたはcut back onという熟語に言い換えることもできます。

274

頭に効く！すごい「テスト」⑩
「ネットで得する」英単語

A〜Cのイラストと同じ英単語を探せ！

A
パソコンの「ここ」に欲しい情報があります

B
「これ」が多ければ多いほど、選ぶ楽しさが増えます

C
気に入った商品があれば「すること」は？

「すごい英単語手帳」は、確実にあなたを変える！ 275

Ⓐ〜Ⓒのイラストが表す英単語を、
右ページの8つの単語カードの中から
1つずつ選んでください。

❶ extension

❷ merchandise

❸ reduce costs

❹ participant

❺ broadcast

❻ place an order

❼ visit a website

❽ assets

こたえ Ⓐ＝❼visit a website, Ⓑ＝❷merchandise, Ⓒ＝❻place an order

「アメリカ人の発音のツボ」基本10

ここでは、特に覚えておくと英語の勉強がグンと楽になる発音記号を紹介します。

【æ】日本語の「エ」と「ア」の中間に当たる音です。口を横に広げて発音します。aという綴り字の上にアクセントが置かれます。apple [ǽpl]という単語のaがこの音です。

【ʌ】日本語の「ウ」と「ア」の間に当たる音です。驚いたときに出てくる比較的短い「ア」の音。o、u、ouの上にアクセントが置かれる場合にこの音になることが多いです。cut [kʌt]、love [lʌv]がこの音です。

【ɑ】イギリス英語では日本語の「オ」に似た [ɔ] の音で、アメリカ英語では「ア」と発音されます。比較的口を大きく開けてハッキリ発音します。(例)hotは、イギリス英語では[hæt]、アメリカ英語では[hát]となります。

277

【ə】 アクセントが置かれていない部分に使われる曖昧な音です。舌を口のなかのどの部分にもつけず、音になるかならないかくらいに弱く「ア」に近い音を出します。around[əráund]という単語の最初のaの部分の音です。

【ə:】 上の音が長音になった音です。舌を口の中のどこにもつけず、舌先で濁らすようにして、「ウー」とも「アー」ともつかない音を出します。ur, or, ir, er, earのような綴り字の場合に、よくこの音になります。一方、arの綴りの場合、[ɑ]を長音にした[ɑə]の記号が用いられます。fur[fə́:]とfar[fɑ́ə]のセットで練習してみましょう。

【θ】【ð】 日本語にない音です。thの綴り字の場合にこの音となります。上下の歯の間から軽く、舌先を出し、日本語の「ス」に近い音を出す場合には[θ]となり、日本語の「ズ」に近い音を出す場合には[ð]となります。think[θiŋk]、health[helθ]、そして、this[ðis]、there[ðéər]などの単語で練習してみましょう。

【ŋ】 語尾に置かれるngがこの音となります。このgはハッキリとは発音されず、鼻の中に「ゥーン」とこもっていくよう

な感じに発音します。-ing形の動詞を「イング」とハッキリ発音しないように気をつけましょう。running[rʌniń]、long[loń]といったngで終わる単語で練習してみましょう。

【ʃ】【ʒ】

綴りがshの場合にこの発音となります。上下の歯を近づけ、鋭く「シュッ」と発音します。ship[ʃip] wash [wáʃ]などの単語で練習してみましょう。[ʃ]を濁らせて「ジュ」のように発音するのが[ʒ]の音です。pleasure[pléʒər]やmeasure[méʒər]という単語の中に登場します。

【tʃ】【dʒ】

日本語の「チ」に近い音です。chの綴り字の場合によくこの音となります。watch [wátʃ]、China [tʃáinə]という単語に出てくる音です。この[tʃ]が濁った音が[dʒ]です。日本語の「ジ」に近い音です。bridge[bridʒ]、Japan[dʒəpǽn]などの単語で練習してみましょう。

【j】

日本語の「ユ」に似た音です。記号の形につられて「ジ」と読まないように注意しましょう。universe[júːnivəːs] you[juː]という単語で練習してみましょう。

あとがき

　英語に限らず、勉強を成功させる道のりで一番重要なのが最初の第一歩を踏み出すことです。

　私は、最初の第一歩を踏み出すことができれば、目標の半分は達成したと考えています。

　このあとがきまでやってきた皆さんは、もう英語をマスターするまでの折り返し地点を回っているのです。語学の学習では努力に裏切られることはありません。

　英語を使いこなして活躍している未来の自分を心に描きながら、これからも、英語を楽しみながらがんばってくださいね。

　最後に、本書の例文作成でVicki Glassさん、訳文作成で佐藤誠司先生、誌面デザインで疋田晋吾さん、本文イラストで村住彩野さんと、多くの方に本当にお世話になりました。これらの皆様に心から感謝いたします。

> *If you put your mind to it,*
> 　　*you can accomplish anything.*
>
> **魂を込めて取り組めば、何でも達成可能だ──**

安河内哲也

さくいん

A

- accessible 160
- accommodation 134
- accountant 22
- accounting 182
- address 206
- administrator 236
- advance notice 62
- advance ticket 270
- advertisement 102
- affordable price 138
- agenda 180
- air-conditioning 184
- analysis 44
- analyst 150
- annual conference 116
- apology 28
- applicant 178
- application 130
- application form 88
- appoint 124
- apprentice 232
- approve 74
- architecture 44
- argument 152
- arrange 258
- article 234
- assets 264
- assignment 206
- assume responsibility 214
- attend a seminar 270
- audience 102
- auditorium 230
- author 152
- automatic withdrawal 190
- available 20
- average 156
- award 208

B

- bachelor's degree 138
- background 264
- balance due 166
- bank account 56
- banquet 182
- belongings 180
- benefit 82
- board of directors 166
- book review 116
- booklet 46
- bookshelf 54
- branch office 86
- brand-new product 138
- broadcast 264
- budget 154
- bulletin board 140
- business card 30
- business contract 140
- business hours 60

- business proposal *192*
- business trip *86*

C

- calculation *52*
- call in sick *216*
- candidate *50*
- career *104*
- carry out *242*
- category *104*
- celebration *152*
- certificate *210*
- chairperson *128*
- check a document *272*
- childcare facility *190*
- client *106*
- collaboration *98*
- colleague *130*
- committee *72*
- community *76*
- commute *54*
- compensation *186*
- competition *52*
- complaint *18*
- concept *130*
- conclusion *98*
- conduct research *240*
- confirm *228*
- confirm a reservation *192*
- construction site *36*
- consultant *132*
- consumer *26*
- contact *210*
- contemporary *52*
- continental breakfast *112*
- contract talks *168*
- contractor *178*
- convenient *74*
- convention *46*
- conventional method *246*
- conversation *266*
- cooperate *156*
- coworker *260*
- customer satisfaction *168*
- customize *184*

D

- daily necessities *192*
- day shift *56*
- deadline *28*
- dealer *240*
- debate *136*
- decade *126*
- defective device *136*
- deficit *82*
- delay *182*
- delivery *176*
- department *20*
- deposit *260*
- destination *162*
- developer *128*
- dining room *220*
- distribution *28*
- division *154*
- donation *228*
- dormitory *202*

- down payment *142*

E

- economical *262*
- economist *104*
- electricity *20*
- electricity bill *188*
- emergency procedure *34*
- employ *208*
- employee *158*
- environment *160*
- equipment *130*
- estimate *44*
- evaluation *202*
- exchange *78*
- executive *160*
- exhibition *258*
- expectation *126*
- expenses *22*
- experience *180*
- experiment *238*
- expert *232*
- expire *206*
- export *80*
- extension *256*

F

- facility *56*
- fare *128*
- fee *256*
- fill out *194*
- finance *108*
- financial advice *190*
- financial report *114*
- fire department *142*
- fiscal year *112*
- fix *184*
- flexible *20*
- flight *160*
- form *206*
- found *76*
- full refund *136*
- function *234*
- fund *54*

G

- garment store *164*
- gather statistics *268*
- get to work *220*
- go bankrupt *242*
- government agency *164*
- guarantee *24*

H

- hand out *266*
- have a demonstration *268*
- head office *58*
- health care *166*
- health checkup *190*
- hospitality *48*
- hotel clerk *86*
- human resources *142*

I

- identification *46*
- illustration *238*

さくいん 283

- improve productivity *272*
- in detail *194*
- in person *272*
- include *102*
- income tax *90*
- independence *238*
- individual *124*
- industry *22*
- influence *132*
- ingredient *236*
- innovative approach *60*
- inspection *30*
- instruction *102*
- intensive *108*
- intensive training *142*
- interactive *212*
- interest rates *34*
- internal memo *192*
- inventory *236*
- investment *54*
- investment plan *112*
- invoice *208*
- item *100*
- itinerary *186*

J

- job applicant *86*
- job market *32*
- job seeker *116*

L

- lab *84*
- label *150*
- labor union *88*
- latest *22*
- latest edition *60*
- launch *72*
- law firm *88*
- legal department *62*
- legislation *180*
- letter of recommendation *58*
- location *110*
- lodging *204*
- lunch break *32*
- luncheon *254*

M

- maintenance *134*
- make a presentation *240*
- make a reservation *220*
- make a suggestion *268*
- make an appointment *216*
- make remarkable progress *244*
- malfunction *154*
- management *18*
- manufacturer *150*
- marketing strategy *112*
- marketing survey *56*
- material *108*
- mechanical error *60*
- meet a deadline *270*
- meet with a client *194*
- memorandum *134*
- merchandise *254*
- merger *82*
- method *100*

N

- mobile phone 34
- mortgage 186

N

- negotiator 80
- net profit 36
- night shift 168
- noise 156

O

- occupation 124
- office furniture 110
- office supply store 140
- on sale 218
- opinion 176
- opportunity 238
- organization 50
- out of service 218
- outlet 212
- outlook 78
- overseas 48
- overwork 232

P

- panel discussion 136
- paperwork 128
- parking lot 32
- participant 262
- passenger 100
- pay in cash 218
- pay off the debt 242
- pay raise 140
- payment 52
- payroll 182
- pension plan 90
- personnel department 164
- pharmaceutical company 30
- pharmacist 204
- photocopy the brochure 244
- place an order 266
- policy 156
- positive result 162
- postal worker 244
- postpone 178
- potential 232
- practical 158
- preparation 72
- prepare 26
- press conference 242
- priority 262
- procedure 24
- process 104
- production 98
- productivity 132
- professional requirement 36
- profit 210
- profitability 236
- promotion 176
- property 50
- proposal 24
- prototype 214
- provide 78
- public relations 114
- public reputation 114
- publicity 204
- publisher 26

さくいん 285

- purchase order 84
- purpose 228

Q

- questionnaire 126

R

- real estate 58
- reasonable price 62
- reception 72
- recruitment 24
- recycled paper 110
- reduce costs 272
- reference 234
- region 256
- regional manager 166
- register 78
- reimburse the expense 214
- relation 152
- release 100
- reliability 212
- repair 258
- replace 260
- representative 230
- require 18
- research 150
- research institute 162
- reserve 18
- resident 76
- restrict 230
- retail outlet 84
- retirement 80
- retirement party 194
- revolution 44
- risk 74
- routine 158
- run an ad 270

S

- sales campaign 62
- sales representative 114
- satisfaction 48
- save 132
- savings 106
- savings account 188
- secretary 260
- security 108
- security guard 116
- security office 30
- session 188
- share 258
- shareholder 178
- shipment 46
- shut down 246
- signature 134
- site 106
- situation 202
- software application 36
- solution 264
- standard model 90
- status 228
- stock 202
- stock market 90
- submit 74
- submit a report 240
- submit the resume 266

- subway 158
- successful project 216
- summary 254
- superior 184
- supervise 106
- supervisor 256
- supply 28
- supply and demand 110

T

- take place 244
- task 82
- technical 254
- telecommunications 208
- temporary 126
- terms of agreement 216
- tourism 98
- traffic jam 188
- transaction 262
- transfer 48
- transportation 210
- travel agent 88
- trend 50
- trial and error 32
- trial run 164

U

- undertake 186
- unemployment rate 34
- update 154
- update the numbers 246
- upgrade 234
- up-to-date information 220

V

- valid 176
- value 26
- vending machine 162
- very truly yours 246
- vice president 58
- visit a web site 268
- vote 80
- voucher 212

W

- walking distance 168
- warehouse 230
- warranty 204
- weather forecast 84
- weather report 138
- without notice 214
- work overtime 218
- workforce 124
- workshop 76

DTP・シーシーエス
例文作成・Vicki Glass
※本書は、本文庫のために書き下ろされたものです。

安河内哲也（やすこうち・てつや）

カリスマ英語講師。

一九六七年福岡県生まれ。上智大学外国語学部英語学科卒。大学受験予備校・東進ハイスクール・東進ビジネススクールの「人気＋実力講師」として、英語が苦手な多くの学生を超難関大学に送り込んできた。近年は、トヨタ自動車、松下電器産業、日本IBM、リコーなど企業の英語研修も手掛ける。可能な限り「効率的にTOEIC最低600点の実力をつける」ことを目標に、これまで多くのビジネスマンの人生を変えてきた。本書は、「英語力は単語力」を唱える、そのカリスマ英語講師のこれまでの実績の「集大成＋決定版」である。

著書に、『できる人の勉強法』、『できる人の英語勉強法』（共に中経出版）、『ゼロからスタート英文法』（Jリサーチ出版）など、ベストセラー＆ロングセラーが多い。

知的生きかた文庫

すごい「英単語手帳」

著　者　　安河内哲也（やすこうち　てつや）
発行者　　押鐘冨士雄
発行所　　株式会社三笠書房
　　　　　郵便番号一一二-〇〇〇四
　　　　　東京都文京区後楽一-一四-一四
　　　　　電話〇三-五二二六-五七二六〈営業部〉
　　　　　　　〇三-五二二六-五七三一〈編集部〉
　　　　　振替〇〇一三〇-八-一三〇九六
　　　　　http://www.mikasashobo.co.jp
印刷　　　誠宏印刷
製本　　　若林製本工場

© Tetsuya Yasukochi,
Printed in Japan
ISBN978-4-8379-7697-4 C0182

落丁・乱丁本は当社にてお取替えいたします。
定価・発行日はカバーに表示してあります。

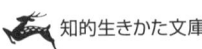

知的生きかた文庫

本は10冊同時に読め!　　成毛 眞

本は最後まで読む必要はない、仕事とは直接関係のない本を読め、読書メモはとるな——これまでの読書術の常識を覆す、画期的読書術! 人生が劇的に面白くなる!

「その時歴史が動いた」心に響く名言集　　NHK『その時歴史が動いた』編

永久保存版『その時歴史が動いた』名語録。各回の主役たちが遺した「歴史の名言」を厳選、そこに込められた哲学や人間ドラマを浮かび上がらせます!

すごい「実行力」　　石田 淳

100%の「実行力」が身につく本!「計画通りに仕事が進む」「挫折をせずに続けられる」「苦手を克服できる」——など、たった3日で成果が出る!

図解 世界がわかる「地図帳」　　造事務所

「世界一石油を消費する国」「世界一徴兵期間の長い国」……など、95の新しい視点で世界を切り取った地図帳。「今の世界」「10年後の世界」が見える!

日本人が「英語をモノにする」一番確実な勉強法　　藤沢晃治

この勉強法に例外はない! 英語が「ある日突然分かる」ようになる法則、「耳の感度」を"ネイティブ並みに高める"法など、この1冊で英語をモノにできる!

C50031